T0107850

QU'EST-CE QUE LA CURIOSITÉ ?

COMITÉ ÉDITORIAL

Christian BERNER

Stéphane CHAUVIER

Paul CLAVIER

Paul MATHIAS

Roger POUIVET

CHEMINS PHILOSOPHIQUES

Collection dirigée par Roger POUIVET

Annie **IBRAHIM**

QU'EST-CE QUE LA CURIOSITÉ ?

Paris

LIBRAIRIE PHILOSOPHIQUE J. VRIN

6, place de la Sorbonne, V[e]

2012

David Hume, *Traité de la nature humaine* II : *Les passions*,
trad. fr. Jean-Pierre Cléro,
© Paris, GF-Flammarion, 1991.

En application du Code de la Propriété Intellectuelle et notamment
de ses articles L. 122-4, L. 122-5 et L. 335-2, toute représentation ou
reproduction intégrale ou partielle faite sans le consentement de l'auteur
ou de ses ayants droit ou ayants cause est illicite. Une telle représentation ou
reproduction constituerait un délit de contrefaçon, puni de deux ans
d'emprisonnement et de 150 000 euros d'amende.

Ne sont autorisées que les copies ou reproductions strictement réservées
à l'usage privé du copiste et non destinées à une utilisation collective, ainsi
que les analyses et courtes citations, sous réserve que soient indiqués
clairement le nom de l'auteur et la source.

© *Librairie Philosophique J. VRIN,* 2012

Imprimé en France
ISSN 1762-7184
ISBN 978-2-7116-2418-8

www.vrin.fr

QU'EST-CE QUE LA CURIOSITÉ ?

« Dites, qu'avez-vous vu ? »[1]

PROBLÉMATIQUE

Lorsque La Bruyère, au chapitre XIII de ses *Caractères*, définit la curiosité, il l'illustre par des portraits de types de « curieux » qui rivalisent de ridicule. Ainsi en va-t-il du « fleuriste » dont l'objet fétiche est sa tulipe qui l'occupe du lever du soleil à son coucher : « Il la contemple, il l'admire ; Dieu et la nature sont en tout cela ce qu'il n'admire point : il ne va pas plus loin que l'oignon de sa tulipe, qu'il ne livrerait pas pour mille écus, et qu'il donnera pour rien quand les tulipes seront négligées et que les œillets auront prévalu »[2]. C'est que « la curiosité n'est pas un goût pour ce qui est bon ou ce qui est beau mais pour ce qui est rare, unique, pour ce qu'on a et que les autres n'ont point. Ce n'est pas un attachement à ce qui est parfait mais à ce qui est couru, à ce qui est à la mode. Ce n'est

---

1. Baudelaire, « Le Voyage », *Les Fleurs du Mal*, « Bibliothèque de la Pléiade », Paris, Gallimard, 1961, p. 124.
2. La Bruyère, *Les Caractères*, Paris, Hachette, chap. XIII, § 2, p. 396.

pas un amusement mais une passion et souvent si violente qu'elle ne cède à l'amour et à l'ambition que par la petitesse de son objet. Ce n'est pas une passion, qu'on a généralement pour les choses rares et qui ont cours, mais qu'on a seulement pour une certaine chose, qui est rare, et pourtant à la mode » [1].

Près de deux siècles auparavant, Léonard de Vinci faisait l'aveu de cette même « passion » en des termes bien différents : « Poussé par un désir ardent, anxieux de voir l'abondance des formes variées et étranges que crée l'artificieuse nature, ayant cheminé sur une certaine distance entre les rocs surplombants, j'arrivai à l'orifice d'une grande caverne, et m'y arrêtai un moment, frappé de stupeur, car je ne m'étais pas douté de son existence ; le dos arqué, la main gauche étreignant mon genou tandis que de la droite j'ombrageais mes sourcils abaissés et froncés, je me penchais continuellement, d'un côté et de l'autre, pour voir si je ne pouvais rien discerner à l'intérieur, malgré l'intensité des ténèbres qui y régnaient. Après être resté ainsi un temps, deux émotions s'éveillèrent soudain en moi : crainte et désir ; crainte de la sombre caverne menaçante, désir de voir si elle recélait quelque merveille » [2].

La plurivocité sémantique et l'ambiguïté de la notion de curiosité témoignent entre autres de sa rébellion contre une conceptualisation convenue, contre la tentation de la réduire à un mode de la faculté d'imaginer ou à un type de rapport au monde et à l'Autre. À la suite des « étonnants voyageurs » de Baudelaire, embarqués pour « l'Inconnu », en quête « du nouveau », nous voudrions montrer que le problème philosophique de la curiosité est celui du dépassement des limites assignées au connaître et à l'agir. Si la curiosité résiste à sa

1. La Bruyère, *Les Caractères*, *op. cit.*, p. 395-396.
2. *Les Carnets de Léonard de Vinci*, Paris, Gallimard, 1942, p. 510.

réduction à une faculté de penser ou à une modalité de l'exister, c'est qu'elle engage la puissance humaine à s'éprouver comme *infinie*. L'énergie de cet élan dont elle témoigne a suscité apologie et jouissance mais aussi menace et malheur.

Une telle contradiction procède d'une double tension :

1) Tension entre les trois champs sémantiques qu'elle convoque :

a) Le soin, le souci qu'on témoigne à quelque chose, l'inquiétude : c'est la *cura* latine et le *périépo* grec, la sollicitude, l'application, la recherche. Cette signification suppose de déterminer le lieu spéculatif où elle s'exerce en substituant à la concentration spatiale sur la nature la dimension temporelle de l'histoire. C'est seulement en prenant appui sur le genre humain que l'on peut condamner la curiosité populaire et naïve, désireuse de nouveauté, et s'engager, avec la curiosité laïque et réfléchie, vers la négation de l'invisible absolument. Inscrite dans l'histoire, la curiosité est anticipation et non appropriation ; elle attend du progrès de l'humanité le dépassement de la vanité de la curiosité individuelle. C'est donc un bien que l'inquiétude ne puisse se fixer et que soit revendiqué l'aphorisme de Virgile – *Mens agitat molem*. Charles Bonnet en fait l'essence même de la raison : « Inquiète, ardente, active, la raison ne peut s'arrêter aux effets. Elle veut voir au-delà. Elle se tourne de tous côtés ; elle s'agite, elle s'émeut, elle passe et repasse plusieurs fois devant le même objet. L'aiguille aimantée décline souvent ; et combien la raison décline-t-elle dans la recherche du vrai ? Craignons cependant de la gêner trop dans ses mouvements.

Son activité pourrait en recevoir de fâcheuses atteintes »[1]. La curiosité, c'est le désir d'apprendre des choses nouvelles, la soif de connaître mais aussi de jouer, de bricoler; le *périergos* peut aussi être actif au sens d'avide de s'instruire et faire preuve de *philomathia*. Cette apologie du courage de la curiosité théorique se veut militante car elle doit faire justice de la curiosité vicieuse contre laquelle ont protesté des siècles de philosophie, depuis Socrate jusqu'à Montaigne et Pascal. C'est ce danger que dénonce le second sens de la *cura* et du *périépo*.

b) L'indiscrétion, la recherche de ce qui ne nous concerne pas, l'ambition de créer, d'inventer et indissociablement la crainte – le *curio* est celui que les soucis et les tourments amaigrissent. Ainsi, le quidam curieux de la vie quotidienne de ses voisins, a fortiori si leur comportement a changé, sera d'autant plus tourmenté que sa curiosité est stérile et a fort peu de chance de s'assouvir. Socrate lui-même fut soupçonné de s'affairer pour trop de choses qui ne le regardaient pas. Le grec *périépo* – entourer de soins, s'occuper de – déploie l'activité du *polypragmonein*, la curiosité excessive et indiscrète, l'ingérence dans les affaires d'autrui. Le *périergos* vit dans l'excès, a une activité brouillonne et s'occupe de trop de choses. Il conviendrait de le guérir de sa souffrance, de ce que Sénèque appelait le *morbus graecus* – « Qui n'est pas comblé par ce qu'il possède est pauvre, même s'il était le maître de l'univers »[2]. C'est que grande est la séduction du pouvoir de l'inédit.

---

1. Ch. Bonnet, *Considérations sur les corps organisés*, Paris, Corpus-Fayard, 1985, p. 91-92.
2. Sénèque, *Lettre à Lucilius*, 9, 28.

Ainsi, il faut tenter de déterminer le fondement de l'alternative entre jouir ou pâtir de la curiosité. On ne saurait confondre être curieux et souffrir de curiosité : dans le premier cas, on désigne une conduite ou une attitude cognitive, eu égard à la pluralité des causes qui peuvent les susciter ; dans le second cas, on porte attention à la dimension réflexive de la curiosité, sans égard à la cause qui a pu la provoquer. Que dire alors d'une troisième occurrence, dans l'expression « objet de curiosité » ?

c) Un être bizarre, original, surprenant – une bête curieuse. Lorsque je regarde quelqu'un comme une bête curieuse, mon insistance déplacée ravale le vivant humain en deçà de l'animalité, au rang de la bestialité.

2) Tension entre les deux niveaux d'humanité qu'elle sollicite : a) elle désigne la force motrice du genre humain à la recherche du vrai ou de la perfection, sans égard pour l'indi-vidu ; b) elle connote la pulsion de savoir qui pousse l'individu à rechercher la Vérité ou le Bien pour son bonheur, sans égard pour le monde ni pour autrui.

Sur l'horizon de cette double tension, il s'agit de montrer en quoi la spécificité de la curiosité exige de faire l'épreuve de l'infini et d'en saisir les manifestations, de la plus triviale – quelle curiosité me pousse, comme nous nous le demande-rons avec Hume, à scruter les faits et gestes de mes voisins ? – à la plus admirable – quelle curiosité poussa Socrate à sacrifier sa vie à l'amour de la Vérité ? Dans tous les cas, si la curiosité est liée à un hypothétique étonnement originel et universel, ce sont la disparité et la force de ses manifestations qui nous étonnent ! Jusqu'où peut-on aller, quel risque est-on capable de courir pour satisfaire sa curiosité ? Le désir de *voir*, de s'occuper de ce qui ne nous *regarde* pas, d'Héraclite à Lacan et jusqu'à nous, permet-il de répondre à cet étonnement ?

Comportement dérisoire pour chasser l'ennui à n'importe quel prix ou dispositif de recherche pour construire un savoir quel que soit le danger ? Cette alternative entre comportement et dispositif révèle certes l'opposition de deux attitudes mais témoigne d'une tendance commune qui fait problème : l'autonomie et la gratuité de la curiosité seraient démenties par une finalité dont l'importance justifierait la prise de risque.

Alors comment regrouper sous un même vocable de telles différences ? Qu'est-ce donc que « la » curiosité ? Divertissement méprisable ou admirable souci ? Attitude existentielle ou procès épistémique ? Pratique ou théorie ? Il se peut que l'examen de la curiosité s'oriente vers le dépassement d'une telle dichotomie et de la tentation d'une hiérarchie.

Il s'agit de faire la part du rôle du désir de savoir, de l'imagination et de l'inquiétude « dans » la curiosité : différences de degré ou de nature ? Contre l'apparence première, si c'est la curiosité qui fait naître l'activité de ces affections, elle révèle à la fois sa nécessité et son autonomie.

Nous tenterons de prendre la mesure de cet enjeu en interrogeant d'abord le lien supposé entre curiosité et désir de savoir, puis la relation entre curiosité et imagination du possible ; nous nous demanderons ensuite si et comment la curiosité constitue un trait fondamental de l'existence humaine, entre inquiétude et prise de risque. Nous tâcherons alors d'établir en quoi ces relations expriment la puissance infinie du penser et de l'agir humains dont la curiosité éveille les forces.

CURIOSITÉ ET DÉSIR DE SAVOIR

Spontanément, la tentation est grande de définir la curiosité comme désir de savoir. Nous soupçonnons pourtant d'emblée cette identification d'être non pertinente du fait du

jugement de valeur positive qui accompagne tradition-
nellement le désir de savoir. Prise dans cette dimension
axiologique, la curiosité risque de perdre sa spécificité.

Qu'est-ce en effet que le désir de savoir et comment la
curiosité s'en démarque-t-elle? Cette alternative et sa
problématique philosophique sont interrogées par la célèbre
ouverture de la *Métaphysique* d'Aristote : « Tous les hommes
désirent naturellement savoir »[1]. Dès l'Antiquité, les commentaires de cette première phrase du livre A font advenir la
question anthropologique classique : l'homme est-il poussé
vers le savoir *sans nécessité*, par une impulsion inhérente à sa
nature, ou bien est-il précipité par les pires exigences de sa
survie *dans la nécessité* d'acquérir des connaissances? C'est
le problème de l'alternative entre plaisir de la curiosité et
urgence du besoin : la connaissance est-elle la condition du
bonheur humain ou au contraire ce qui menace la réalisation de
ce bonheur? Dans ce même livre A, Aristote précise un peu
plus loin : « C'est seulement quand tout a été disponible, tant le
nécessaire pour la vie que ce qui est exigé pour une vie plus
facile [...] que la mentalité de recherche devint un besoin [...]
comme un homme dont nous disons qu'il est libre parce qu'il
agit de son propre gré et non au service d'un autre »[2].

Celui qui désire savoir n'est-il donc pas curieux? Prenons
trois exemples du désir de savoir, l'un dans le champ de la
philosophie, l'autre dans celui de l'opinion commune, le
dernier dans le domaine des sciences. Y a-t-il une unité du
désir de savoir? Est-ce de la curiosité?

1. Aristote, *Métaphysique*, A, 1, 980a, trad. J. Tricot, Paris, Vrin,
1991, p. 2.
2. *Ibid.*, A, 2, 982b, p. 18.

Dans le champ de la philosophie, revenons à cet éponyme « désir de savoir » ou plutôt de « connaître » (*eidenai*)[1] et cherchons à comprendre pourquoi il ne saurait s'agir de « curiosité ». Dans le corpus aristotélicien, la connaissance n'est pas, ne peut jamais être quelque chose qui ne nous regarde pas. Connaître, c'est l'affaire des humains et ils n'en ont pas d'autre. Si *philomatheia* n'a jamais de connotation péjorative, si *polypragmosunè* et *périerga* n'en ont jamais dans le domaine de la connaissance, c'est que l'âme est coextensive au tout des objets. L'âme et ses objets appartiennent à un même monde. Le désir de connaître n'est donc que le pôle subjectif du fait que tout ce qui est « désire » être connu. Le vocabulaire objectif lui est donc plus adéquat : nous sommes mus par une tendance, une tension vers le savoir qui est une orientation objective. Cette tension vers le connaître ne procède pas d'une donnée plus fondamentale dont elle serait déductible. Elle est première. On ne peut pas lui échapper.

C'est le livre VI de l'*Éthique à Nicomaque* qui permet d'éclairer notre mode de présence dans le tout du monde. Pourquoi n'y a-t-il pas d'objets plus ou moins dignes d'être connus ou qui réclameraient de façon plus pressante qu'on s'occupe d'eux ? Si cela était, certains hommes pourraient être « curieux ». Se soucier de la présence au monde sera un souci (*cura*) dépourvu de curiosité parce qu'il ne sera pas le souci de connaître un objet particulier privilégié. Il n'y a pas de limite interdite à franchir. Le cercle de l'humanité et le cercle de la *phronésis* se confondent : être, vivre humainement, c'est penser. L'attitude théorique n'est pas un choix volontaire :

---

1. Le connaître, à la différence du savoir, désigne tout autant chez Aristote la connaissance sensible que la connaissance rationnelle, c'est-à-dire la capacité à rendre l'objet *présent* à l'âme.

« Compréhension et sagacité ne reviennent pas au même, car la sagacité est prescriptive (elle ordonne en effet ce qu'on doit exécuter ou non ; c'est sa fin), tandis que la compréhension est judicative seulement »[1]. Cette équivalence entre «être», «vivre» et «penser», n'admet donc que des différences de degré : si le philosophe est le vivant le plus authentiquement vivant, ce n'est certes pas parce qu'il est curieux de plus de choses mais parce qu'il est le plus en éveil dès lors qu'il est par excellence dans le vrai. Je n'ai pas choisi ma vie qui pourtant me concerne avant toute autre chose. Cela signifie que tout me concerne sans que rien ne me soit plus particulièrement imposé car l'homme est l'endroit où les phénomènes de la vie se présentent le plus nettement, le plus « naturel » des animaux au sens où sa nature n'est autre que la nature s'affirmant elle-même. Alors que les autres animaux sont des ébauches de l'homme – l'homme est le seul des animaux qui se tienne droit – le théotropisme est un rapport au plus haut qui entraîne la conformité au tout et un égal intérêt porté à toutes choses. Cette totale présence au monde n'empêche pas que je puisse parfois m'étonner mais l'étonnement n'est pas la curiosité : lorsque je m'étonne, je suis dans une attitude réceptive et passive ; c'est l'objet qui vient vers moi et qui fait corps avec moi. Au contraire, la curiosité suppose l'activité et la recherche, un mouvement vers l'extériorité, une mise à distance. Serait-ce un simple divertissement ?

Au livre X de l'*Éthique à Nicomaque*, Aristote convient que nous ne passons pas tout notre temps à accomplir pleinement notre vie grâce au loisir de penser : le jeu et le divertissement sont des fonctions comparables au sommeil ; elles

---

1. Aristote, *Éthique à Nicomaque*, VI, 8.2.2. 1143a10, trad. R. Bodeüs, Paris, GF-Flammarion, 2004, p. 328.

témoignent de l'essentielle composition de l'homme qui le place entre le plaisir et la connaissance, l'animal et la divinité [1]. Mais nous ne perdons pas pour autant la plénitude de notre présence au monde.

Mesurer l'enjeu de cette impossibilité de faire une place à la curiosité dans le corpus aristotélicien, c'est d'une part la distinguer radicalement – malgré les tentations de l'évidence et des commentaires traditionnels – du désir de connaître, et d'autre part voir en elle l'aveu de notre séparation d'avec le monde, d'une mise à distance du réel, d'un écart qui témoigne d'une étrangeté. Pour être curieux, il faut que nous vivions la plupart du temps comme des étrangers dans un monde qui manifeste une opacité, voire une inquiétante obscurité.

En rejetant la curiosité dès lors que le désir de connaître la rend impossible, Aristote, qui s'intéresse à tous les champs du savoir, incarne paradoxalement l'indifférent en tant qu'il est incurieux. Peut-il à ce titre nous aider sinon à sympathiser au moins à supporter dans notre entourage ceux que leur état d'indifférence, d'incuriosité, voire d'apathie, nous dérange ? Y a-t-il des incurieux chroniques, impassibles face à l'événement et à l'étrangeté ?

Il semble difficile de ne pas établir des degrés dans l'indifférence : quelle distance en effet entre l'incuriosité d'Aristote due au désir de connaître et celle de notre voisin apathique, atteint de la « morne incuriosité » fustigée par Baudelaire et que Montaigne décrivait affalé sur le « doux et mol chevet » ! Que vit-il exactement, au point que son incuriosité en fait pour nous une bête curieuse ?

La nuit dernière, un incendie a ravagé un immeuble dans une rue de Paris. Ce matin, attroupement, commentaires,

---

1. Aristote, *Éthique à Nicomaque*, X, 2, 1176b, éd. cit., p. 522.

opinions vont bon train. Convenons avec Aristote que ces curieux dont le comportement reste encore énigmatique ne sont certainement pas mus par un désir de connaître digne du Stagirite !

Indifférent à cette agitation apparaît mon apathique voisin qui se détourne à peine et poursuit son chemin. Au plan psychologique, à supposer qu'il ne soit pas préoccupé par le mouvement des astres ou l'incommensurabilité de la diagonale, encéphalogramme plat... Au plan philosophique, c'est à une conception de l'histoire que nous convie ce passant fantomatique : le sens prime sur l'événement, la structure sur l'accident. Nulle opacité, nulle invisibilité ; ce qui arrive n'a d'existence que comme moment ou épisode d'une orientation prédéterminée et finalisée. Pas de surprise, pas de curiosité. L'immeuble peut bien avoir été dévasté et ses habitants démunis, il n'y a là ni rupture ni discontinuité dans l'ordre du temps. Pas de quoi s'émouvoir. Pour autant, cela ne nous donne pas le droit d'imaginer le tout de l'existence de cet incurieux comme frappée d'une apathie généralisée ; sans doute cherche-t-il par ailleurs à savoir, peut-être à savoir beaucoup de choses ; et même, pourquoi ne serait-ce pas, dans sa vie civile et professionnelle, un savant ! ?

S'il est juste de référer la démarche scientifique à un désir et si nous adoptons le regard de Koyré sur l'histoire des sciences, ce désir est le désir de savoir le vrai, aussi loin qu'il est possible de l'intérêt trivial et de la curiosité : « Aussi surprenant que cela puisse nous paraître, on peut édifier des temples et des palais, et même des cathédrales, creuser des canaux et bâtir des ponts, développer la métallurgie et la céramique, sans posséder de savoir scientifique ; ou en n'en possédant que des rudiments. La science n'est pas nécessaire à la vie d'une société, au développement d'une culture, à l'édification d'un État et même d'un Empire » [1]. Si la science est essentiellement *theoria*, il ne faut pas confondre les «recettes» inventées par les arpenteurs égyptiens ou les astrologues babyloniens avec la géométrie et l'astronomie. Il convient d'attribuer la première aux Grecs qui n'avaient à mesurer rien qui vaille, pas plus qu'ils ne croyaient à l'astrologie. Si Galilée signe l'avènement de la science moderne avec la loi d'inertie et celle du mouvement des corps pesants, il substitue une géométrie du mouvement à la physique du repos liée à la croyance aristotélicienne et médiévale dans les mouvements naturels des corps légers et lourds. Cette révolution n'exigera pas de lui qu'il fasse l'expérience du corps jeté du haut du mât d'un navire ni l'expérience de Pise parce qu'il *sait* à quelle loi sont subordonnées ces expériences. Nulle place pour la curiosité.

Épicure et Lucrèce assimilaient désir de savoir et curiosité et condamnaient l'un et l'autre. Épicure établit un parallèle entre l'indifférence théorique et l'absence de souci pratique : seuls les besoins vides ne trouvent pas auprès de la nature leur mesure et n'atteignent pas leur but. Le bonheur est ce qui reste lorsque la nature n'oppresse plus les hommes et leur est tout aussi indifférente qu'aux dieux dans les intermondes. Il n'y a pas pour Épicure d'implication technique ; il s'agit de distancer les phénomènes, non de les produire ; pas de les objectiver, mais de les neutraliser. À la manière du scepticisme pyrrhonien, il convient de promouvoir l'idée de l'indifférence des réponses de la physique vis-à-vis de la configuration de la vie dans le monde. Lucrèce déplore le

---

1. A. Koyré, *Études d'histoire de la pensée scientifique*, Paris, Gallimard, 1973, p. 396-397.

regard tourné vers le ciel qui éveille la *cura*, le souci envers les puissances auxquelles l'homme est livré sans défense[1]. La faiblesse de la raison le rend constitutivement sujet à ce souci : « Il n'était pas pensable que je puisse m'étonner constamment »[2]. Cet accent mis sur l'absence d'égards du monde vis-à-vis de l'homme marque la distance considérable entre le monde grec et hellénistique et les « temps modernes » malgré leur référence insistante à l'atomisme antique. Si l'absence d'égards du monde vis-à-vis de l'homme est le signe d'un désordre inhumain, l'étonnement grec apparaît comme la sanction métaphysique de l'irrégularité interne de la curiosité. L'opposition conceptuelle entre le souci du bonheur et la curiosité maladive qui suscite la crainte et l'espérance – donc le malheur – fait naître pour la tradition qui conduit jusqu'à Rousseau un motif de la limitation de soi critique de la curiosité intellectuelle. C'est l'antithèse du lien aristotélicien entre désir de savoir et essence de la nature humaine.

Le stoïcisme, lui, peut à la fois justifier et condamner la curiosité : d'un côté, le thème de la curiosité intellectuelle suscite la légitimité au nom du principe téléologique : une disposition si profondément ancrée ne peut être contraire à l'essence des choses. Mais, d'un autre côté, l'impulsion de l'homme vers le savoir le pousse constamment à transgresser la limite de ce qui tombe sous les sens et à s'adonner face aux objets vagues et obscurs à cette précipitation et à cette démesure que les principes de la logique et de l'épistémologie stoïciennes devraient réfréner. Si Sénèque, dans un certain contexte théorique, exalte le grand courage de ceux qui entrent

---

1. Lucrèce, *De natura rerum*, V, 1204-1240.
2. *Ibid.* II, 1033 *sq.*

dans les recoins secrets de la nature, la *curiositas* ne présente aucun symptôme négatif dans la mesure où elle n'est attisée que par les objets suprêmes et résulte d'une ascèse du souci pour l'essentiel[1]. Avec les mêmes prémisses théologiques, la *Lettre 88 à Lucilius* en appelle à une économie du savoir. L'autolimitation théorique nous garantit de l'intempérance, de la tentation de savoir plus que ce qui est nécessaire, plus que ce qui strictement nous concerne : « Tu n'auras point affaire aux techniciens ; suis la nature […]. C'est notre dégoût des choses faciles qui nous fait rencontrer les difficultés partout. […] Pour subvenir à la nature, la nature suffit »[2].

Le procès de la curiosité conduira saint Thomas à opposer *studiositas* à *curiositas*, à insister sur la tension entre souci légitime et souci frivole, à associer enfin la *curiositas* à la *perversitas* qui porte attention *aux* vérités sur la multiplicité des choses du monde au lieu de s'attacher à *la* vérité. Ce procès est ouvert par Cicéron interprétant la tentation d'Ulysse de céder à l'appel des sirènes[3] et l'égarement d'Archimède emporté par l'*ardor studii* : « Que pensez-vous en effet qu' ait été l'ardeur d'Archimède à l'étude, pour que, dans son extrême attention à tracer sur le sable certaines figures, il ne se fût même pas aperçu que sa ville natale était prise ? »[4]. Plutarque hausse le ton dans son traité *De la curiosité* où il associe ce vice à la méchanceté et aux commérages. Augustin s'en fait l'émule, qui consacre à ce péché le chapitre III du Livre V des *Confessions* et tout le chapitre XXXV du Livre VI : Le seul fait de tenter d'expérimenter et de savoir, c'est la

---

1. Sénèque, *Questions naturelles*, I, 12.
2. Sénèque, *Lettres à Lucilius*, 90, 16 ; 90, 18.
3. Cicéron, *Des fins des biens et des maux*, V, 18, § 49 et 50.
4. *Ibid.* V, 18, § 48.

concupiscence, la *cupiditas*. Il convient d'opposer usage de l'objet et jouissance de l'objet, *uti* et *frui*. La curiosité porte atteinte à cette hiérarchie de valeur entre usage et jouissance, besoin et désir. La constatation du *droit* à la *curiositas* la fait entrer dans le catalogue des vices. Son caractère répréhensible en tant que curiosité théorique tient à la prétention du savoir rationnel de prescrire à la nature ses lois. L'établissement de la légalité immuable de la nature exclut la libre et souveraine disposition de Dieu sur sa création.

Ainsi, qu'elle soit opposée au désir de savoir ou à un désir de savoir dûment maîtrisé, la curiosité ne témoigne pas du souci de connaître auquel elle peut même s'affronter comme une menace ou un danger. Les « sciences curieuses » entrées dans la culture officielle à la fin du quinzième siècle ont été deux fois bannies : une première fois par l'Église qui se charge de surveiller et de canaliser le désir de connaître par la médiation de la faculté de théologie à la tête de l'Université ; une seconde fois par les institutions scientifiques, au nom des principes de la connaissance elle-même, par exemple chez Descartes, Malebranche et Bernard Lamy. Les cabinets de curiosité deviennent des cabinets d'histoire naturelle où la classification met fin au désordre de l'hétéroclite. À Paris, l'histoire des transformations du jardin du Roi depuis sa fondation en 1626 jusqu'à la fin du dix-huitième siècle est significative à elle seule d'une véritable révolution du statut même de la curiosité. L'article « Curiosité » de l'*Encyclopédie*, sous la plume de Jaucourt, tempère l'ardeur d'autres articles de Diderot, d'Alembert et Montesquieu envers cette passion : « Désir empressé d'apprendre, de s'instruire, de savoir des choses nouvelles. Ce désir peut être louable ou blâmable, utile ou nuisible, sage ou fou, selon les objets auxquels il se porte […] J'aime bien mieux me fixer à la curiosité digne de l'homme et la plus digne de toutes, je veux dire le désir qui l'anime à étendre ses connaissances, soit pour élever son esprit aux grandes vérités, soit pour se rendre utile à ses concitoyens »[1]. Ainsi, l'amateur qui rassemble des curiosités de toutes sortes dans son cabinet n'est pas animé par le désir de connaître. Lamarck, soucieux de l'avancement de la science, avait porté un jugement sévère et clairvoyant : « On voit en effet souvent des collections d'histoire naturelle dont l'objet, en quelque sorte, est de former spectacle et peut-être d'offrir une idée de la richesse ou du luxe de son propriétaire. Tout s'y montre dans l'état et dans l'ordre les plus convenables pour la décoration et l'agrément […] On va même jusqu'à mutiler les objets, lorsque par ce moyen on peut les rendre plus propres à flatter la vue, ce que prouve le détestable usage de dépouiller les coquilles […] Or je dis que des collections telles que celles que je viens de mentionner ne sont utiles à rien ; qu'elles constituent de simples cabinets de curiosité, et non de vrais cabinets d'histoire naturelle avantageux au progrès des sciences et propres à répandre des connaissances utiles »[2].

Est-ce à dire que ce qu'il est convenu de nommer la révolution de la science moderne ou l'entrée dans l'âge positif et la substitution de la *méthode* à la *curiosité* autorisent à ranger celle-ci au magasin des accessoires ? Au contraire, il me semble que la curiosité résiste obstinément – passion ou perversion – à une lecture trop historiciste de la pulsion de savoir.

---

1. *Encyclopédie ou dictionnaire raisonné des sciences des arts et des métiers par une société de gens de lettres*, édité par Diderot et d'Alembert, Paris, Briasson, David Le Breton et Durand, 17 volumes de textes, 1751-1765, 11 volumes de planches, 1762-1772, t. IV, p. 577.
2. Lamarck, *Mémoire sur les cabinets d'histoire naturelle et particulièrement sur celui du Jardin des plantes*, Paris, 1790, p. 2.

D'où procède donc la curiosité et, si elle est désir, de quoi est-elle le désir si ce n'est pas celui de connaître ? On peut chercher un élément de réponse du côté de l'imagination du possible, dans les lieux où elle a pu donner libre cours à son impulsion.

CURIOSITÉ ET IMAGINATION

Lorsque Lamarck condamne ces « cabinets de curiosités » dont les premières traces remontent sans doute loin dans l'histoire et qui ont connu une vogue extraordinaire dans l'Europe des dix-septième et dix-huitième siècles, il rejette et redoute la puissance imaginaire de la curiosité dont ils témoignent et qui se déploie aussi dans les jeux et les utopies.

Les cabinets de curiosités

Pour prendre un seul exemple, visitons le cabinet de Bonnier de La Mosson[1] : un laboratoire de chimie, une apothicairerie, un atelier de tournage, un droguier, des pièces d'anatomie humaine en cire colorée ou conservées dans l'alcool, des oiseaux et reptiles empaillés, des meubles emplis d'insectes, de crustacés, de fossiles et de minéraux. A ces sept pièces en enfilade dont la dernière est consacrée à la physique et à la mécanique s'ajoute un herbier, un médaillier et surtout un coquillier capitonné de satin blanc et bleu qui faisait à lui seul la célébrité de cet étonnant cabinet.

---

1. Décrit par Dezallier D'Argenville dans *L'Histoire naturelle éclaircie dans deux de ses parties principales : la lithologie et la conchyliologie*, Paris, de Bure, 1742, p. 203-205 et par F. Bourdier, « L'extravagant cabinet de Bonnier » dans *Connaissance des arts*, août 1959, p. 52-60.

Déjà Descartes affichait une certaine ambivalence à l'endroit de la curiosité; certes il accuse Galilée, dans une lettre à Mersenne du 11 octobre 1638 de «curiosité désordonnée» et dénonce les «sciences curieuses» entachées d'infamie, que sont l'alchimie, la magie et l'astrologie, cependant que l'anatomie et la chimie restent des disciplines extérieures au cursus des études scolastiques[1]. Dans une lettre à Mersenne du 9 février 1639, il introduit l'antithèse «pour mon utilité» – «pour ma curiosité», mais dans une célèbre anecdote rapportée dans une lettre au même le 13 novembre de la même année, il confesse: «Ce n'est pas un crime d'être curieux de l'anatomie […]. J'allais quasi tous les jours en la maison d'un boucher pour lui voir tuer des bêtes». Après Furetière, qui évoquait déjà l'existence d'Académies des Curieux et rapporte la formation d'un Collegium Naturae Curiosorum où d'innombrables titres d'ouvrages proposent des objets «curieux» à des lecteurs «curieux»[2], Fontenelle célèbre Bologne qui, entre toutes les villes d'Italie se distingue par son «académie des sciences qui s'appelle l'académie des Inquiets, nom assez convenable aux philosophes modernes qui, n'étant plus fixés par aucune autorité, cherchent et chercheront toujours»[3]. À l'article «Académie Royale» de l'*Encyclopédie*, d'Alembert raconte que ses membres se font appeler *abbandonati, ansiosi, confusi, deffetuosi, inquieti, instabili*[4]. L'article «Cabinet d'histoire naturelle»[5] privilégie cette science sur toutes les autres disciplines parce que c'est elle qui paraît la plus riche en variétés. C'est la reproduction

1. Descartes, *Discours de la méthode*, première partie.
2. *Dictionnaire universel*, 1690.
3. *Éloge des Académiciens, Œuvres Complètes*, 1818, t. I, p. 436.
4. *Encyclopédie*, t. I, p. 56.
5. *Ibid.*, t. II, p. 489-492.

d'un long article de Daubenton dans le troisième volume de son *Histoire naturelle* consacré à l'organisation théorique d'un cabinet. Le garde du plus riche Cabinet de France, celui du Roi, préfère ici le plaisir de la curiosité à la rigueur de la science : « L'ordre méthodique qui dans ce genre d'étude plaît si fort à l'esprit, n'est presque jamais celui qui est le plus agréable aux yeux »[1]. Le « coup d'œil » l'emporte sur le classement. La mode partage sa passion entre les monstruosités anatomiques et la conchyliologie. Les coquilliers de l'ancienne France portent la marque des curieux qui utilisaient les coquilles pour fabriquer de petites sculptures rivalisant d'originalité et de mauvais goût. La fréquentation du Cabinet du roi et des spectacles ambulants témoigne de l'engouement du public pour les invraisemblables curiosités de l'histoire naturelle. Le goût du merveilleux et de la fantaisie procure « l'amusement agréable » que ne saurait offrir le désir de savoir ou le souci de connaître.

Cette préoccupation esthétique autorise des décorations qui transgressent l'effort des naturalistes pour établir un ordre des vivants : des oiseaux qui ne se perchent pas décorent une terrasse sur laquelle se promènent la bécasse, la grive, la pintade et la perdrix auxquelles se mêlent sans inconvénient l'anatomie de l'homme, des quadrupèdes, des lézards, des tortues et des serpents[2]. S'y ajoutent des corps humains en cire, des fœtus monstrueux, voire des « corps desséchés d'hommes et de femmes »[3]. C'est la conchyliologie, ce sont sans conteste les « coquilles » qui emportent la curiosité vers le merveilleux

---

1. *Histoire naturelle générale et particulière avec la description du cabinet du roi*, Paris, Imprimerie royale, 1749, t. III, p. 1-12.
2. Cité par Dezallier d'Argenville, *La Conchyliologie* ... 3ᵉ éd., Paris, De Bure, 1780, t. I, p. 190.
3. *Ibid.*, 2ᵉ éd., Paris, De Bure, 1757, t. I, p. 125.

et l'auteur de la nature, tant pour les couleurs que pour les multiples formes; disposées par de «simples curieux», elles deviennent les matériaux de construction de décorations baroques – galeries, fers à cheval, parterres – dont les appellations soulignent le mauvais goût: «chapeau de cardinal, gondole de Venise, culotte de Suisse, etc.»[1]. Ce n'est pas la recherche de la connaissance, c'est l'imagination qui pousse les curieux vers les cours d'histoire naturelle et les ventes publiques qui se multiplient à partir des années 1740. D'une certaine manière, les ouvrages de science proprement dits, et non des moindres, comme l'*Histoire naturelle* de Buffon découvrent l'art de plaire[2], au même titre que le célèbre *Spectacle de la nature* de l'abbé Pluche paru en 1732 puis indéfiniment réédité, malgré son mérite moins sûr! Cet ouvrage bien connu mérite cependant qu'on s'y arrête un instant car il me semble cristalliser cet âge d'or de la curiosité au siècle des Lumières. À lire *Le spectacle de la nature*, il est évident que Dieu bénit l'agriculture, le commerce et l'industrie plutôt que la recherche scientifique, et, à condition de l'en remercier, il assure de gros bénéfices à ceux qui savent utiliser ses bienfaits. La grandeur de l'homme curieux, ce n'est plus la connaissance, mais le commerce et l'industrie. Réaumur se verra obligé de condamner le zèle inconsidéré des «cause-finaliers». L'optimisme candide de l'abbé Pluche et de ses sectateurs s'épanouit loin des villes et de leur atmosphère malsaine, dans un parfum de bonheur champêtre que respirent des personnages admiratifs à la fois des bontés de la

---

1. Dezallier d'Argenville, *Lettre sur le choix et l'arrangement d'un cabinet curieux*, Mercure de France, juin 1727, p. 1325-1326.
2. La première édition des trois premiers volumes en 1749 a été entièrement épuisée en six semaines!

Providence et du parti qu'en a tiré l'ingénieuse activité de l'homme. Le curieux révère ici un Dieu sensible au cœur : pour l'abbé Pluche, l'homme répond mieux aux intentions du créateur en construisant des ruches et des vaisseaux qu'en mesurant la distance des planètes. C'est que l'homme est au centre de la nature qui, sans lui, n'a pas de sens : elle est « un beau spectacle, mais qui n'est donné à personne »[1]. Voltaire considérera l'abbé Pluche comme « l'estimable auteur » et même « le sage auteur du *Spectacle de la nature* et de l'*Histoire du Ciel* » quoi qu'il ne soit pas newtonien[2].

Le succès commercial des cabinets de curiosités est assuré par les catalogues de collections, presque toujours imprimés à l'occasion de ventes publiques. Ainsi, dès 1736, Gersaint, ayant rapporté de Hollande des coquillages et autres animaux « fort extraordinaires et même inconnus » s'avise de l'intérêt des amateurs pour les ventes publiques : « Ils y venaient avec plaisir et les regardaient comme un amusement. Ils applaudirent à ce dessein mais ils me conseillèrent d'en faire un catalogue raisonné et d'y joindre quelques observations générales sur ce genre de curiosités »[3].

Déjà citée plus haut, la condamnation de ces cabinets par Lamarck est motivée par leur incompatibilité avec une véritable collection d'histoire naturelle : « Dans ces sortes de collections, on n'a nullement en vue les progrès de l'histoire naturelle ; aussi les objets n'y sont connus qu'empiriquement

---

1. Abbé Noël Pluche, *Le spectacle de la nature*, Paris, les Frères Estienne, 1764-1770, 9 volumes, t. I, p. 533-535.
2. Voltaire, *Éléments de la philosophie de Newton*, Iʳᵉ partie, chap. 1, M. XXII, p. 403.
3. E.F. Gersaint, *Catalogue raisonné de coquilles et autres curiosités naturelles*, Paris, Flahault et Prault, 1736, p. v-vii.

et sous des noms vulgaires ou barbares » [1]. L'avènement en France du Jardin du Roi à la fin du dix-septième siècle marque le déclin des plaisirs de l'imagination et le souci des exigences d'une véritable pédagogie des sciences. Tournefort, Jussieu, Buffon, y impulsent les voyages d'étude et surtout l'enseignement scientifique. Il s'agit de mettre fin à l'entassement d'un pittoresque fatras d'invraisemblables curiosités pour lui substituer l'ordre sérieux d'objets d'étude. On s'efforce d'intéresser aux sciences un public de plus en plus nombreux, initié à un authentique enseignement de la physique qui transforme l'amateur en inventeur. Le lecteur ou l'auditeur éclairé veut autre chose que du merveilleux et de la fantaisie. On déplore la publication de ces livres entiers de physique pleins « de ces expériences rares, curieuses, ingénieuses si l'on veut que l'art fournit, sans presque aucune de ces observations simples, naïves, faciles, que la nature fournit abondamment dans tous les pays à tous les esprits » [2]. Il faut se défier de l'art, s'écarter des artifices de l'imagination auxquels la curiosité donne l'élan. La « curiosité raisonnable » exigée de ses auditeurs et de ses lecteurs par l'abbé Nollet dans ses leçons et ses ouvrages sonne la fin du règne de l'imagination et éclaire la nature et le sens de son lien avec la curiosité. Du même coup, le plaisir de la curiosité sera sacrifié à l'intérêt de la science; par exemple, les plantes ou l'électricité feront l'objet d'une pharmacopée. Leçons de physique et collections d'instruments se substituent aux cabinets de curiosités et aux académies des inquiets.

---

1. *Cf.* note 2, p. 22, *ibid.*, p. 2.
2. Compte rendu des *Éléments de physique* de Gravesande par le Père Castel, Journal de Trévoux, mai et octobre 1721.

Cette rupture paradigmatique, exemplaire au temps des Lumières de bien d'autres ruptures analogues passées ou à venir peut aider à cerner en quelque sorte en négatif la puissance imaginaire de la curiosité. Ce pouvoir de la curiosité, tout autant étranger à la passivité de l'étonnement qu'au sérieux de la connaissance, est lié à l'imaginaire – création d'un monde – plus qu'à l'imagination – représentation d'un objet absent.

Les sémiophores s'opposent aux objets d'usage; la signification à l'utilité : telle serait l'une des premières leçons d'une anthropologie de la collection que l'on peut s'autoriser à désigner comme un phénomène universel apparemment coextensif à la culture même. S'il est établi que les premiers collectionneurs connus furent, il y a soixante mille ans, les habitants de la grotte d'Arcy-sur-Cure, leurs amas d'objets sans valeur d'usage témoigne de la curiosité et du goût pour ce qui « saute aux yeux »[1], pour ce qui requiert une référence à l'invisible. Tel est le curieux qui, par la puissance de l'imaginaire, sollicite l'invisible. La recherche des choses rares, exceptionnelles, exotiques, monstrueuses, en appelle aux significations et aux messages, non aux lois et aux régularités. L'imaginaire est roi dans cet univers peuplé de choses insolites et d'êtres étranges où tout peut arriver, où toute question peut être posée, ne craignant ni le verdict de la théologie ni celui de la science. Contrairement aux choses banales et répétitives, les choses rares et bizarres prisées par la curiosité, sont des *hiéro-glyphes*. À ce titre, à condition de comprendre ce qu'elles disent, elles rendent possible une appréhension de l'univers, une vision exubérante et indisciplinée de la nature.

1. K. Pomian, *Collectionneurs, amateurs et curieux*, Paris, Gallimard, 1987.

Le curieux donne impulsion à l'imaginaire comme la nature – avant ou hors de la révolution scientifique – se plaît à l'imprévisibilité des désordres et des hasards. L'interprétation des hiéroglyphes efface la frontière entre le naturel et le surnaturel. Hiéroglyphes et sémiophores sont des intermédiaires entre le visible et l'invisible, le présent et l'absent, le proche et le lointain, le montré et le caché, le profane et le sacré. Les curieux dans l'Antiquité comme nos contemporains curieux eurent le goût des reliques et des offrandes. Dans l'Antiquité grecque, Pausanias décrit et énumère les objets déposés dans les temples [1] et plus tard l'*Histoire naturelle* de Pline témoigne du goût des reliques [2].

Chaque contexte historique et géographique eut et a sans doute un imaginaire privilégié quant à la fixation de la curiosité sur tel ou tel type d'objet. Les sociétés primitives eurent leurs collections d'objets inutiles chargés de communication symbolique. En Europe, après la période des offrandes et des reliques, le quatorzième siècle a le goût des antiquités, le seizième siècle celui des œuvres d'art, le dix-septième celui des instruments scientifiques, puis vient l'âge des musées, des tableaux, des enchères. Quant aux curieux d'aujourd'hui, par-delà le goût de l'exotisme et des voyages, ils « naviguent » sur la « toile » infatigablement ; l'horaire individuel quotidien moyen de l'utilisation de l'Internet en France en 2009 atteignait plus d'une heure. À partir d'une recherche « utile » obéissant à une logique de distribution dont la plupart des internautes ignore tout, le caractère instrumental

---

1. *Cf.* la préface de James G. Frazer à sa traduction de Pausanias, *Description of Hellas*, Londres, 1898, t. I, p. XXXVI-XXXVII.
2. Pline, *Histoire naturelle*, chap. XXXVII, 3-4, texte traduit et commenté par E. de Saint-Denis, Paris, Les Belles Lettres, 1972.

du Réseau s'efface pour donner naissance à de multiples sens imprévus[1]. Bien loin de l'image représentative et des protocoles habituels de la pensée, le monde virtuel de l'Internet retrouve la conception esthétique de l'imaginaire, la conquête de l'imagination créatrice. Dès le dix-huitième siècle, l'*Encyclopédie* propose un tableau de la division des activités parmi lesquelles l'imagination «n'est autre chose qu'invention ou création»[2]. Certes les encyclopédistes firent davantage d'expériences de pensée que de véritables expérimentations; il n'empêche: dans sa *Lettre sur le progrès des sciences*, Maupertuis propose d'entreprendre systématiquement la production d'«unions artificielles» intra et inter spécifiques: «On verrait par là naître bien des monstres, des animaux nouveaux, peut-être même des espèces entières que la nature n'a pas encore produites»[3]. La puissance du hasard relayé par l'art de l'éleveur et du jardinier permet de s'attendre à de l'inédit – des espèces de chiens nouvelles, un nègre blanc, des familles de polydactyles et autres générations monstrueuses. Contrairement à la science sérieuse qui va à la découverte d'un objet déjà là, la curiosité produit ses propres *curiosa*.

Déjà Paracelse avait distingué l'imagination de la fantaisie pour déterminer l'image comme un centre de forces[4]. À ce titre, l'aventure de la curiosité a partie liée avec la vitalité

1. Sur cette métamorphose, consulter l'enquête et l'étude de H. Dreyfus, *On the Internet*, Londres-New York, Routledge, 2001.

2. *Encyclopédie*, d'Alembert, «Discours préliminaire».

3. Maupertuis, *Lettre sur le progrès des sciences*, Paris, Aubier-Montaigne, 1980, p. 168.

4. A. Koyré analyse le statut de la curiosité chez Paracelse dans *Mystiques, spirituels, alchimistes du seizième siècle allemand*, Paris, Gallimard, 1971, p. 96-97.

de l'imaginaire, substituant la magie du surréel à la banalité du virtuel. Ni épiphénomène ni résultat, la curiosité est bien plutôt l'énergie créatrice de l'imaginaire. Une dramaturgie intérieure se déroule sur la scène de la curiosité. À l'instar du collectionneur et de l'amateur, le curieux qui joue sa vie sur les tapis de jeux et autres lieux ludiques se fait l'architecte d'une surréalité.

Les jeux

Le jeu nous est déjà apparu comme une figure privilégiée du lien entre curiosité et imagination dès lors que nous avons vu les amateurs de collections se rendre avec plaisir dans les cabinets de curiosités ou les ventes publiques parce qu'ils les regardaient comme un « amusement ». La curiosité est, en effet, comme le jeu, rhétorique du contingent et de l'événement, face à la rhétorique du nécessaire et de la structure, dont se réclame la science. On peut sans doute déterminer plusieurs causes qui nous poussent à jouer ; la curiosité en est indéniablement une, voire une cause primordiale car l'énergie qui la constitue permet, en s'accomplissant dans des jeux, de libérer une tension en s'évadant du sérieux de la vie courante, en s'échappant dans un espace et un temps étrangers à leur cours ordinaire. On y réalise quelque chose dans une forme donnée ou une forme que l'on se donne, suivant certaines règles. Le concept pascalien de divertissement rend compte de cet écart plaisant qui nous distrait de l'insupportable conscience de nous-même et de notre existence, éprouvée dans la solitude et l'inaction. Ainsi, comme on sait, le roi lui-même « est environné de gens qui ne pensent qu'à le divertir et à l'empêcher de penser à lui. Car il est malheureux, tout roi qu'il est, s'il y pense »[1]. La prise en considération de la curiosité comme mobile du jeu permet de saisir la profondeur et la complexité de la position de Pascal autrement réduite à une plate considération sur la vanité.

Pascal entend tout d'abord situer la curiosité et juger de sa valeur en tant que vice parmi les vices : le creux de la citerne ténébreuse et suintante de notre intériorité est un « cloaque » ou croupit une végétation dont les « racines » sont comme des lianes de souillure et de boue dans le « vilain fond » de l'homme[2]. Là où « le cœur de l'homme est creux et plein d'ordure »[3] gît la curiosité : Pascal voit en lui-même son « abîme d'orgueil, de curiosité, de concupiscence »[4] et qualifie la curiosité de « mal » ou de « vanité »[5]. Si la curiosité ne se transforme pas en admiration[6], elle est l'aiguillon du jeu qui conduit par exemple les hommes « à suivre une balle et un lièvre. C'est le plaisir même des rois »[7]. Ce lien entre le jeu et la curiosité éclaire ainsi la nature de cette dernière : dénuée de tout intérêt matériel et d'une quelconque utilité, elle suscite cependant l'enthousiasme moins dans le simple fait de jouer que dans une téléologie fictive. Certes, « ceux qui font sur cela les philosophes et qui croient que le monde est bien peu raisonnable de passer tout le jour après un lièvre qu'ils ne voudraient pas avoir acheté, ne connaissent guère notre nature. Ce lièvre ne nous garantirait pas de la vue de la mort et des misères qui

---

1. Pascal, *Pensées*, édition Sellier, Paris, Classiques Garnier Multimedia, 1999, Pensée 168, p. 217.
2. *Ibid.*, Pensée 244, p. 260.
3. *Ibid.*, Pensée 171, p. 222.
4. *Ibid.*, Pensée 751, p. 562.
5. *Ibid.*
6. *Ibid.*, Pensée 230, p. 249.
7. *Ibid.*, Pensée 73, p. 173.

nous en détournent, mais la chasse nous en garantit »[1]. Cela
étant, Pascal fait preuve de la terrible lucidité que les *Essais*
de Montaigne avaient déjà mise en œuvre : il faut se piper
soi-même![2] Pascal révèle à son tour la vraie puissance de
la curiosité : « Faites-le donc jouer pour rien, il ne s'y échauf-
fera pas et s'y ennuiera. Ce n'est donc pas l'amusement seul
qu'il recherche, un amusement sans passion et languissant
l'ennuiera, il faut qu'il s'y échauffe et qu'il se pipe lui-même
en s'imaginant qu'il serait heureux de gagner ce qu'il ne
voudrait pas qu'on lui donnât à condition de ne point jouer,
afin qu'il se forme un sujet de passion et qu'il excite sur cela
son désir, sa colère, sa crainte pour l'objet qu'il s'est formé,
comme les enfants qui s'effraient du visage qu'ils ont
barbouillé »[3]. L'impulsion donnée par la curiosité à l'imagination dans le jeu vise à faire « en sorte qu'il n'y ait point de
vide »[4] : il importe qu'une fiction mobilise l'apparence d'une
finalité qui combine paradoxalement mais nécessairement
l'amusement du jeu et le gain. Sans cette dualité subtile,
aisément vécue mais difficilement concevable, point de
curiosité, point de plaisir divertissant du jeu. Le jeu n'est
véritablement effectif que si la curiosité permet de cultiver
l'espérance d'un gain ou d'une victoire. Second paradoxe : on
remplit ainsi le vide par une tension et un déploiement
d'actions et d'efforts qui n'ont rien de « sérieux ». Le risque du
vide de l'existence est écarté par un agir à vide. Ma curiosité
pour le résultat de ma chasse au lièvre ou de ma mise à la
roulette n'engage ni le vécu de ma vie quotidienne ni la

1. *Ibid.*, Pensée 168, p. 217.
2. Montaigne, *Essais*, II, 12, Paris, Villey, 1965, p. 530.
3. Pascal, *Pensées*, éd. cit., Pensée 168, p. 219.
4. *Ibid.*, Pensée 169, p. 221.

dimension absolue de mon existence. Grâce à l'imaginaire de la curiosité, je remplis le vide en agissant à vide ! Il y a là un coup de force qui ne peut être que le propre de l'homme. On comprend qu'un tel tonneau des Danaïdes ait conduit Huizinga à préférer inscrire l'essence de l'homme dans l'*homo ludens* plutôt que dans l'*homo faber* ou l'*homo sapiens*, à être tenté de voir du jeu partout, à désigner l'ensemble de la civilisation humaine comme un jeu[1]. La curiosité pour le résultat du jeu et le plaisir de chercher à la satisfaire remplissent à eux seuls l'activité ludique. Le goût de l'énigme caractérise assez bien cette curiosité propre au jeu. Des antiques jeux sacrés grecs et romains aux jeux enfantins des devinettes et de cache-tampon, les énigmes n'enseignent rien mais permettent plutôt de se jouer des autres grâce à la maîtrise des pièges du langage. Maîtres de la curiosité et du jeu, nomades privilégiés de la *scholè*, les sophistes s'adonnaient ainsi aux attrapes que condamne Socrate dans l'*Euthydème* : « Ces choses ne vous apprennent rien sur l'essence des choses même ; elles ne vous enseignent qu'à jouer des tours aux hommes à l'aide d'arguties verbales ; c'est tout juste comme si l'on administrait un croc-en-jambe à quelqu'un ou si on lui enlevait la chaise où il allait s'asseoir. [...] Si tu prétends faire de ce jeune homme un sage, joues-tu ou es-tu sérieux ? »[2] Par les tours de son imagination, le sophiste incarne l'appétit de dominer, de posséder, d'être le seul à « savoir », appétit qui anime tout curieux. « Les dieux aussi aiment la facétie » dit Socrate dans le *Cratyle*. Armé de ses arguties rhétoriques, le sophiste est curieux de voir jusqu'où il peut tromper son

---

1. J. Huizinga, *Homo ludens. Essai sur la fonction sociale du jeu.* Paris, Gallimard, 1951.
2. Platon, *Euthydème*, 278b.

interlocuteur, simplement pour rire, ou pour le dominer ou encore pour l'acheter. Solennel ou pas, le jeu des énigmes cherche à satisfaire la curiosité.

Si elle nous invite à ce bref retour sur l'antique plaisir de parler[1], la connexion pascalienne entre jeu, curiosité et imagination jette aussi un éclairage sur nos sociétés ludiques, plus précisément sur les sociétés «riches» organisées sur le mode du capitalisme néo-libéral. On remarque que la dévalorisation du bricolage et des mythes n'atteint pas les jeux qui, au contraire, y prolifèrent au point de désigner des situations «sérieuses» – celles de la sphère économico politique par exemple.

Faut-il penser, après Nietzsche, que la curiosité est à l'œuvre dans les jeux d'un monde sans Dieu? «Que fîmes-nous en détachant cette terre de son soleil? [...] Ne faut-il pas allumer des lanternes à midi? [...] Dieu est mort! Dieu demeure mort! [...] Quels jeux sacrés nous faudra-t-il inventer?»[2]. Nietzsche fête ainsi la fin d'une longue période d'oubli de la puissance d'accomplissement de la curiosité dans des jeux porteurs de «cérémonies expiatoires»[3].

Faute d'atteindre cette dimension, la renaissance de la vitalité de la curiosité pour et dans les jeux se manifeste aujourd'hui par un retour du hasard dans le monde humain même si son caractère souvent trivial est loin du rêve de Zarathoustra: de l'incertitude des jeux de cartes et du coup de

1. C'est l'expression que Barbara Cassin choisit pour titre de son bel ouvrage sur la sophistique, *Le plaisir de parler*, Paris, Minuit, 1986.

2. Nietzsche, *Le gai savoir*, troisième livre, § 125. Paris, GF-Flammarion, 1977, p. 177.

3. *Ibid.* Dans son *Esprit du nihilisme*, Paris, Fayard, 2009, Mehdi Belhaj Kacem s'interroge sur le jeu, opium des peuples sans religion et sur le lien entre mort de Dieu et renaissance du jeu.

dés, de la passion des paris à la fébrilité des images de
« consoles » et de la trajectoire imprévisible du ballon, le
hasard fait la part belle à la curiosité.

Déjà, la société européenne du dix-huitième siècle dont
nous avons mesuré plus haut le goût pour les cabinets de
curiosités, est friande de jeux de toute sorte, jeux de hasard
et jeux d'adresse. La coterie française des philosophes qui
fréquentait assidûment le café de la Régence à Paris avait
beaucoup d'admiration pour les grands joueurs, en particulier
aux échecs, passion que Diderot partageait avec Rousseau. On
se rappelle, dans la *Lettre sur les sourds et muets* l'anecdote de
la partie gagnée « avec les conseils du *tiers*, du *quart* et des
passants »[1]. C'est au cœur du spectacle et du public de ceux
qui passent leur temps à « pousser le bois » que s'exhibe le
neveu de Rameau. Serait-ce une passion pour rien que cette
curiosité qui s'interroge sur le résultat du coup de dés ou de la
distribution des cartes ? C'est ce que laisse entendre Diderot, à
la fin de sa vie, dans une lettre émouvante au grand joueur
d'échecs Philidor, le 10 avril 1782 : « Croyez-moi, faites-nous
d'excellente musique, faites-nous en pendant longtemps, et ne
vous exposez pas davantage à devenir ce que tant de gens que
nous méprisons sont nés. On dirait de vous tout au plus : "Le
voilà, ce Philidor, il n'est plus rien, il a perdu tout ce qu'il était
à remuer sur un damier des petits morceaux de bois". Je vous
souhaite du bonheur et de la santé »[2]. Tout est prétexte à jouer,
en particulier là où la curiosité permet de conjurer le risque de
l'ennui : on joue à des jeux d'argent, à des jeux pour rien, à des
jeux pour tricher, dans les cafés, lors des journées pluvieuses à

---

1. Diderot, « Lettre sur les sourds et muets », *Œuvres*, L. Versini (éd.),
Paris, Robert Laffont, 1994-1997, 5 volumes, vol. IV, p. 19.
2. Diderot, « Correspondance », *Œuvres*, éd. cit., vol. V, p. 1323.

la campagne, dans les villes de cure. Les curistes, gens désœuvrés par excellence, disposent d'une grande variété de jeux dont témoignent les nombreux *Amusemens des eaux* publiés tout au long du siècle[1]. On en vient à une véritable pédagogie du jeu. À la veille de la Révolution, *Les Soirées amusantes* sont l'apothéose d'une conception totalitaire du jeu où l'on rêve d'une vie consacrée au jeu[2]. Tout devient jeu. La curiosité est excitée par les masques que l'on porte partout, pas seulement chez Marivaux. La vie en société est un jeu où il s'agit de déployer le talent de la représentation. Une image revient couramment au XVIIIe siècle : le monde est une grande comédie parce que c'est un spectacle et parce que c'est une farce. C'est d'ailleurs pourquoi l'on peut gagner sa vie en jouant plutôt qu'en travaillant. Dans ses *Lettres sur l'éducation esthétique de l'homme*, Friedrich Schiller forge en 1793 l'idée d'une «tendance au jeu», le propre de l'homme : l'homme ne joue que là où dans la pleine acception de ce mot il est homme et il n'est tout à fait homme que là où il joue[3]. Le monde de Casanova est un monde où tricher est une chose normale et ne fait qu'un avec le jeu. «Amusez vous de la vie, écrit Voltaire à Madame d'Argental, il faut jouer avec elle, et

---

1. Par exemple les *Amusemens des eaux de Spa* du baron de Pollnitz en 1734 et les *Amusemens des bains de Bade en Suisse, de Schnitzach et de Pfeffens* de François de Merveilleux en 1739.
2. *Les Soirées amusantes ou Entretiens sur les jeux à gages et autres, qui peuvent amuser les jeunes personnes tant à la ville qu'à la campagne, sur-tout dans les soirées un peu longues*, Paris, chez la Veuve Duchesne, 1778.
3. Schiller, *Lettres sur l'éducation esthétique de l'homme*, Lettre XIV, Paris, Aubier, 2002.

quoique le jeu ne vaille pas la chandelle, il n'y a pourtant pas d'autre parti à prendre » [1].

Dans cet univers casanovien régi par la seule loi du jeu, il n'est guère étonnant qu'on en appelle au coup de dés pour en faire un grand usage métaphorique dont le domaine de pertinence étend la curiosité, le goût de l'incertitude et du hasard à des champs d'application où on ne l'attend guère au premier abord : chez les philosophes de la matière et du vivant, au temps des Lumières, la nature, curieuse de sa capacité à produire d'infinies variétés, jette les dés, pipés ou non, multipliant les figures imprévues, inédites, surprenantes. Plaisir de la curiosité : tératologie et tératophilie sont l'aveu d'une nature curieuse des monstruosités qu'elle accueille et qui suscitent à leur tour notre curiosité. La remise en cause des notions « sérieuses » de norme, d'individu et d'espèce substitue à la permanence de l'ordre le continuisme matériel des métamorphoses. De nouveau, l'évènement prime sur la substance. Curieuse, la nature agit sans intention ni finalité, guidée par le hasard, préférant l'avènement des formes selon l'aléatoire à la croyance finaliste en une création. Avec le temps, on pourra recourir à la probabilité sans pour autant signer par là l'abandon de la curiosité. C'est le baron d'Holbach qui, dans son *Système de la nature*, précise les règles du jeu de la piperie des dés : « Serait-on bien étonné, s'il y avait dans un cornet 100 000 dés, d'en voir sortir 600 000 de suite ? Oui, sans doute, dira-t-on ; mais si ces dés étaient tous pipés, on cesserait d'en être surpris. Eh bien ! Les molécules de la matière peuvent être comparées à des dés pipés, c'est-à-dire produisent toujours certains effets déterminés ; ces molécules étant

---

1. Voltaire, Lettre du 1 août 1757, *Correspondance générale*, *Œuvres Complètes*, Paris, Furne, 1844, t. XI, p. 827.

essentiellement variées par elles-mêmes et par leurs combinaisons, elles sont *pipées* pour ainsi dire, d'une infinité de combinaisons différentes. La tête d'Homère ou de Virgile n'ont été que des assemblages de molécules ou, si l'on veut, de dés pipés par la nature, c'est-à-dire des êtres combinés et élaborés de manière à produire l'Iliade ou l'Enéide »[1]. Mais que l'on ne s'y trompe pas ; point de régression vers une quelconque téléologie : Diderot et ses contemporains ne multiplient pas pour rien, tout au long de leurs méditations sur la vie, les notions d'*inquiétude automate* et de *sensibilité sourde*, sonnant ainsi le glas des figures même pâles d'une finalité. Il y a un dynamisme hasardeux originaire.

Nos sociétés « développées » ne sont pas en reste : on compte actuellement 330 millions de personnes se livrant à des jeux vidéo et on estime que 150 millions sont prêtes à s'y mettre si elles trouvent des outils adaptés ! [2] Mais, dira-t-on, comment juger cette pauvre et navrante curiosité, celle aussi du téléspectateur amateur de reality-show ou de people, celle de l'infatigable joueur, celle du lecteur de revue inquiet de l'exhaustivité de ses abonnements ou celle du badaud à l'affût d'un accident de voiture, sanglant de préférence ? Ce n'est sans doute pas Lucrèce appréciant la douceur d'assister de la terre aux rudes épreuves d'autrui quand la tempête s'élève sur la mer[3] mais bien plutôt le détournement et la trahison de

---

1. D'Holbach, *Système de la nature*, Londres, 1770, II, 5 ; t. II, note 40, p. 162.

2. Ce constat est établi par un article sur les jeux « Nintendo » dans le journal *Le Monde* daté du dimanche 12-lundi 13 juin 2011, p. 13.

3. Lucrèce, *De la Nature*, Paris, Les Belles Lettres, livre II, vers 1 à 5, t. I, 1962, p. 71.

l'infinie curiosité par une «asphyxiante culture»[1]. Ce qui aurait pu donner naissance à une épopée tragique ou à de l'art «brut» – la curiosité arrachant l'événement à son ennuyeuse platitude, est ravalé à la banalité du fait divers, par excellence «culturel». Ramener la curiosité à l'authenticité d'une libre expérience humaine, être attentif au sens du jeu de celui qui en jouant met sa vie en danger, c'est prendre en compte l'inquiétude et la prise de risque qui accompagnent son développement.

CURIOSITÉ, INQUIÉTUDE ET PRISE DE RISQUE

Qui a vu la détresse du collectionneur menacé de ne pouvoir acquérir l'oignon de tulipe qui manque à sa planta-tion[2] peut se faire quelque idée du rôle de l'inquiétude dans la curiosité. S'il n'y a de curiosité qu'inquiète, cela pourrait signifier qu'il faut chercher ailleurs les moyens d'être heureux, l'âme s'acharnant à trouver son «vrai centre» hors de la nature.

Dans une lettre étonnante à Madame de Charrière, Benjamin Constant se réfère à un Dieu mort avant d'avoir fini son ouvrage! D'où le malheur de notre destination à laquelle nous voue la curiosité inquiète: «Nous sommes des montres où il n'y aurait point de cadran et dont les rouages, doués d'intelligence, tourneraient jusqu'à ce qu'ils fussent usés, sans savoir pourquoi et se disant toujours: puisque je tourne, j'ai

---

1. Pour reprendre le titre d'un ouvrage de Jean Dubuffet, Paris, Pauvert, 1968.

2. La Bruyère, *Les Caractères*, Paris, Hachette, chap. XIII, § 2, p. 396, déjà évoqué ici, p. 7.

donc un but » [1]. Leibniz et d'Alembert répondirent par avance à Benjamin Constant; c'est la signification et l'enjeu de leurs choix que je prendrais volontiers ici pour guides en acceptant la part de risque qu'ils engagent. Leibniz: « Je trouve que l'inquiétude est essentielle à la félicité des créatures » [2]. D'Alembert: « La curiosité est un besoin pour qui sait penser, surtout lorsque ce désir inquiet est animé par une sorte de dépit de ne pouvoir entièrement se satisfaire » [3]. L'alternative n'est pas ici entre physiologie et métaphysique mais entre les deux orientations possibles de la curiosité inquiète: risque d'échec et d'errance ou risque de victoire et de progrès.

L'obscur plaisir de l'insatisfaction

Le bovarysme de Flaubert se retrouve dans la soif inextinguible de connaissances et d'expériences qui pousse ses deux bonshommes, Bouvard et Pécuchet, à multiplier les entreprises les plus fantasques: agriculture, horticulture, politique, littérature, histoire, métaphysique, religion, science, hygiène, éducation. Le projet de Flaubert était de sanctionner les échecs de toutes ces expériences en faisant entreprendre à ses héros un gigantesque travail de copiste, leur ancien métier … Cette apothéose souligne l'affinité de ces aventuriers de l'absurde avec la curiosité encore aiguisée par la structure répétitive du roman – entreprise – échec – nouvelle entreprise. On comprend que Flaubert se soit décrit mis à la torture par sa propre curiosité, dévorant des bibliothèques, courant les

1. Lettre du 4 juin 1790 à Madame de Charrière, dans G. Rudler, *La jeunesse de Benjamin Constant*, Paris, 1909, p. 376.

2. Leibniz, *Nouveaux Essais*, II, XXI, 36, J. Brunschvicg (éd.), Paris, 1966, p. 161.

3. *Encyclopédie*, « Discours préliminaire ».

provinces pour faire un travail de terrain, mettant à contribution ses amis et relations après avoir lu au moins mille cinq cents ouvrages. C'est lors d'un dîner au restaurant que les deux comparses amorcent l'urgence de leur entreprise avec le sérieux qui ne les quittera pas ; Flaubert en dévoilera le véritable contenu : ce sérieux est le masque du grotesque. Dans sa *Correspondance*, il décrit son extraordinaire roman comme « l'encyclopédie critique en farce »[1] ou « l'encyclopédie de la Bêtise moderne »[2]. Pourquoi et comment cette « bêtise » est vécue par les deux héros comme une curiosité inquiète ?

Les voilà donc attablés au restaurant : « Que de choses à connaître ! Que de recherches – si on avait le temps ! Hélas, le gagne-pain l'absorbait »[3]. Quelques jours plus tard, à la faveur d'un héritage inattendu, Bouvard, l'heureux bénéficiaire, lance « son premier cri » ; leur décision est prise : « Nous nous retirerons à la campagne ! »[4]. Les voilà désormais taraudés par l'inquiète curiosité. Ils passent en revue toutes les provinces, voyagent en tous sens. « Quelquefois ils se décidaient, puis craignant de se repentir plus tard, ils changeaient d'avis »[5]. Enfin installés, du jardinage, leur ambition s'éleva à l'agriculture. D'échec en échec, des aubergines au cresson, du cresson aux choux, des choux au melon, des melons aux fleurs, ils furent attentifs à la météorologie puis aux vertus de l'engrais. L'agronomie et l'arboriculture les ayant déçus, « ils

1. Lettre à Edma Roger des Genettes, 19 août 1872, *Correspondance*, J. Bruneau (éd.), « Bibliothèque de la Pléiade », t. IV, Paris, Gallimard, 1998, p. 559.

2. Lettre à Adèle Perrot, 17 octobre 1872, *ibid.*, p. 590.

3. *Bouvard et Pécuchet*, édition de Claudine Gothot-Mersch, Paris, Folio-Gallimard, 1979, p. 55.

4. *Ibid.*, p. 65.

5. *Ibid.*, p. 67.

trouvèrent dans leur bibliothèque l'ouvrage de Boitard, intitulé *L'architecte des Jardins* »[1]. Après de multiples avatars, ils renoncèrent. « Mais il leur tardait d'employer l'alambic »[2] jusqu'à ce que de catastrophe en catastrophe l'alambic éclate, détruisant tout alentour. « C'est que, peut-être nous ne savons pas la chimie ! »[3]. Nouveaux chapitres, nouvelles curiosités, nouveaux échecs, nouvelles inquiétudes, jusqu'au renoncement. Renoncement provisoire, car « bientôt ils s'ennuyèrent, leur esprit ayant besoin d'un travail, leur existence d'un but ! »[4]. Cet obscur plaisir d'une curiosité mesurée à l'aune d'un risque permanent d'échec et d'errance trouve en *Bouvard et Pécuchet* l'écho des analyses de Maine de Biran dans son *Premier Journal* : « Cette inquiétude de l'âme, ce vide de vrais biens et l'inconstance qui en est la suite, cette activité indéterminée qui va effleurant tous les objets sans rien trouver qui la satisfasse pleinement et qui promène tous les hommes, soit sauvages soit policés, à travers tant de folies et de bizarreries, l'ennui, funeste caractère de notre espèce, inconnu aux animaux : je ne sais, mais tout cela me paraît annoncer quelque chose de particulier et prouverait (non pas peut-être aux philosophes froids, mais aux âmes sensibles qui aiment à se mirer en elles-mêmes) que nous ne sommes pas peut-être à notre vraie place »[5].

Quel lieu plus propice à exorciser la léthargie de l'ennui qu'un jardin, plaçant l'âme sensible sous une menace permanente d'inquiétude ? Rien ne pouvait mieux convenir à la réali-

---

1. *Bouvard et Pécuchet*, éd. cit., p. 100.
2. *Ibid.*, p. 112.
3. *Ibid.*, p. 115.
4. *Ibid.*, p. 409.
5. Maine de Biran, *Premier Journal*, « De l'homme », *Œuvres*, t. I, Paris, édition Tisserand, p. 26.

sation des ambitieux projets des deux compères que ce jardin où ils multiplient les expériences et les travaux. À la recherche du plus grand nombre possible de variétés et de variations inédites, ils revivront à leur manière la « métaphysique des jardins »[1] qui anima, plus d'un siècle auparavant, la querelle des jardins à la française et des jardins anglo-chinois. Même si c'est à leur insu, Bouvard et Pécuchet, attelés au jardinage, à l'agriculture, au verger, à l'élevage, à la distillerie etc. retrouvent le problème des conditions de possibilité d'un jardin mutabiliste, espace privilégié de la curiosité inquiète. Dans *La Nouvelle Héloïse*, Monsieur de Wolmar, faisant à Saint-Preux les honneurs du verger de Julie, avait déjà souligné le paradoxe de la relation entre les hommes et leurs jardins : « Le goût des points de vue et des lointains vient du penchant qu'ont les hommes à se plaire où ils ne sont pas. Ils sont toujours avides de ce qui est loin d'eux, et l'artiste qui ne sait pas les rendre assez contents de ce qui les entoure, se donne cette ressource pour les amuser »[2].

Que le jardin soit clos, séparé de la nature, ou qu'il soit ouvert, se confondant avec le paysage et laissant la nature atteindre la porte de la maison, peut-on y surmonter l'opposition de l'inquiétude et de l'ennui, du vide accablant et de l'agitation convulsive ? Peut-on échapper à l'inquiète curiosité

---

1. On trouve cette expression sous la plume de Jean-Marie Morel dans sa *Théorie des jardins*, Paris, 1776, p. 369-370, reprise par Lezay-Marnisia dans *Les paysages ou Essais sur la nature champêtre*, « Discours préliminaire », Paris, 1800, p. XXVIII, à propos de *L'Art de former les jardins modernes ou l'Art des jardins anglais* de Whately, paru à Paris en 1771. Sur ces questions, voir les analyses de Catherine Fricheau dans sa thèse soutenue en 2003 à Paris IV, *La géométrie de la vie : l'art du jardin en France, 1580-1730*.

2. Rousseau, « La Nouvelle Héloïse », IV, XI, *Œuvres complètes*, « Bibliothèque de la Pléiade », t. II, Paris, Gallimard, p. 482-483.

suscitée par le souci d'aménager cet espace face à une nature tantôt hostile, tantôt providentielle ?

Bouvard et Pécuchet commenceront par la clôture, en calfeutrant les orifices par lesquels les gens du voisinage venaient en curieux les observer comme des bêtes curieuses ! Devenus plus tard architectes des jardins, ils seront tentés par l'ouverture et le point de vue. Dans les deux cas, la curiosité inquiète naît de l'impossibilité de parfaire et d'achever la tâche : obscur plaisir de l'insatisfaction qui caractérisa le débat entre jardin à la française et jardin anglo-chinois. À l'article « Parc » de l'*Encyclopédie*, de Jaucourt développe le thème de l'ennui né de la symétrie : « C'est un défaut que d'y rechercher trop les alignements, les allées, les avenues, les décorations et les autres travaux de l'art »[1]. À l'article « Jardin »[2], le même auteur avait décrit un lieu de plaisir et, à l'article « Symétrie des plantations », s'inspirant de Rousseau, il revient sur cette remarque : « J'ajoute, avec Monsieur Jean-Jacques Rousseau, que l'homme de goût, capable d'envisager les choses dans le grand, ne s'attachera pas à cette *symétrie des plantations*, parce que cette symétrie est ennemie de la nature et de la variété ; toutes les allées de nos plantations se ressemblent si fort, qu'on croit toujours être dans la même »[3]. La symétrie n'abolit pas la curiosité inquiète car le jardin à la française s'est en quelque sorte inséré de force dans la nature sinueuse et libre. On ne fait qu'empirer le mal quand on pratique des ouvertures dans les clôtures augmentant la frustration, ôtant au regard la dimension du temps et à l'âme celle de l'avenir. En 1785, Saint-Lambert consacre une strophe de son poème *Les*

---

1. *Encyclopédie*, article « Parc », t. XI, p. 925.
2. *Encyclopédie*, article « Jardin », t. VIII, p. 458.
3. *Encyclopédie*, article « Symétrie des plantations », t. XV, p. 735.

Saisons : « La nature féconde/Varie à chaque instant le théâtre du monde/Et nous dans nos enclos stérilement ornés/Nous la bornons sans cesse à nos desseins bornés : /Là, j'admire un moment l'ordre, la symétrie ; /Et ce plaisir d'un jour est l'ennui de la vie » [1]. La maîtrise de l'horizon spatial coûte la perte de l'horizon temporel. À l'inverse, le jardin anglais (ou anglo-chinois), c'est l'anti symétrie, le zigzag ; selon Chambers, dans sa *Dissertation sur le jardinage de l'Orient*, il permet de connaître « des amusements aussi variés qu'un chemin tortueux dont la continuité se déployant aux yeux par grada-tion, leur découvre à chaque pas une nouvelle combinaison [...] [dont] la brusque apparence occasionne une surprise [...] [qui] devient bientôt de l'étonnement et de l'admiration » [2].

Ainsi, pour des raisons inverses à celles des émotions produites par le jardin français, la « brusque apparence indui-sant incertitude et anxiété relève elle aussi de la curiosité inquiète, d'autant que le style anglais dégénère souvent en « bizarrerie ». Même si la curiosité parvient à être plus douce que convulsive, l'inquiétude séjourne de plein droit dans le jardin où l'âme vit dans l'attrait du « tout autre », horizon inac-cessible de la nature dans la symétrie du jardin français, nou-veauté inattendue de la nature dans le zigzag du jardin anglais.

La « bêtise » de Bouvard et Pécuchet dans leur jardin tient à leur hésitation entre ces deux pôles. Égarés entre l'un et l'autre, ils satisfont leur curiosité de manière fugitive, s'effon-drent dans l'échec puis aspirent à une nouvelle tâche et à une nouvelle satisfaction, sans répit et sans fin. De ce fait, leur

---

1. Saint-Lambert, *Les Saisons*, « Le Printemps », cité d'après l'édition de Paris, 1785, p. 13.
2. Chambers, *Dissertation sur le jardinage de l'Orient*, traduction française, Londres, 1772, p. 37-38.

curiosité est touchée par tous les degrés de l'inquiétude : d'abord la pure privation de repos, l'im-mobilité, le balancier leibnizien de l'horloge et l'inquiétude aveugle des molécules vivantes, puis le « mésaise » lockiste, l'*uneasiness*, ce demi plaisir ou cette demi douleur que décrit si bien Leibniz dans ses *Nouveaux Essais sur l'entendement humain* : « La nature nous a donnés des aiguillons du désir, comme des rudiments ou éléments de la douleur et pour ainsi dire des demi-douleurs ou (si vous voulez parler abusivement pour vous exprimer plus fortement) des petites douleurs inaperceptibles, afin que nous *jouissions de l'avantage du mal* sans en recevoir l'incommodité »[1]. Puis vient l'inquiétude liée au réseau des tâches et des travaux, l'empressement, la *cura*, entre agitation et insatisfaction ; enfin la « soif ardente », la haute inquiétude malebranchiste, quête d'infini et d'absolu[2].

Le célèbre chapitre VIII de *Bouvard et Pécuchet* éclaire cette traversée instable et errante de la curiosité inquiète : les malheureux s'y déchirent entre matérialisme et spiritualisme, comme en écho aux paroles du Vicaire de Rousseau : « Tes sentiments, tes désirs, ton inquiétude, ton orgueil même ont un autre principe que ce corps étroit dans lequel tu te sens enchaîné »[3].

De fait, c'est à la problématique philosophique du dualisme du corps et de l'esprit que se livre la curiosité des

1. Leibniz, *Nouveaux Essais sur l'entendement humain*, livre II, chap. xx, section 6, réédition J. Brunschvicg, Paris, Vrin, 1966, p. 140.

2. Malebranche, « De la Recherche de la Vérité », surtout IIIe et IVe livres, *Œuvres Complètes*, édition A. Robinet, 20 volumes, Paris, Vrin, 1962-1967, vol. I.

3. Rousseau, « Profession de foi du Vicaire savoyard », *Œuvres complètes*, « Bibliothèque de la Pléiade », t. IV, Paris, Gallimard, 1969, p. 55.

deux bonshommes. Dans le bric à brac des disciplines qu'ils convoitent – gymnastique, tables tournantes, magnétisme, spiritisme, magie, baguette divinatoire, hypnotisme et philosophie – le magnétisme occupe une place centrale. En effet, leur curiosité qui les conduira à pratiquer l'hynose sur quelques dindes et une vache, les plonge dans l'embarras quant à la détermination de la nature du « fluide » magnétique. D'abord rallié au matérialisme, Bouvard, prenant appui sur La Mettrie, Locke, Helvétius et Voltaire voit ses arguments flancher face aux problèmes de la création du monde et de l'union de l'âme et du corps ; il finit par sombrer dans un doute sceptique. Pécuchet, lui, commence par multiplier des théories et pratiques de plus en plus spirituelles et occultes, en référence à Cousin, Reid, Gerando et aussi Voltaire, cette fois par finalisme ! Mais le doute s'empare autant de lui que de son ami et il ne parvient pas à maintenir son spiritualisme jusqu'au bout. Finalement, ils ne s'en sortent pas mieux l'un que l'autre : « Et tous deux s'avouèrent qu'ils étaient las des philosophes. Tant de systèmes vous embrouille. La métaphysique ne sert à rien. On peut vivre sans elle. [...] [Mais] dans cette méditation des pensées avaient surgi ; ils s'abordaient, craignant de les perdre ; et la métaphysique revenait »[1]. À l'initiative de Pécuchet, ils s'empêtrèrent dans une introduction à la philosophie hégélienne. Bref, « Bouvard ne croyait même plus à la matière »[2]. Des sanglots les étouffaient ; le suicide les tenta. Cependant, attirés par de petites lumières au ras du sol, ils allèrent du côté de l'église où l'on célébrait la messe de minuit. « Une curiosité les y poussa »[3].

1. *Bouvard et Pécuchet*, éd. cit., p. 309 et p. 310.
2. *Ibid.*, p. 316.
3. *Ibid.*, p. 324.

Ultime curiosité qui, au moment de l'élévation, leur fit sentir « comme une aurore se lever dans leur âme »[1]. Mais cela n'empêcha pas leur curiosité de ressurgir, de redoubler de vigueur malgré cette révélation sacrée et ils plongèrent successivement dans les abîmes de la théologie, de l'histoire naturelle et de l'éducation.

En guise de scénario à suivre, l'infatigable tâche de Flaubert, évoquée plus haut, le conduit à mettre en scène la composition par les deux compères de la copie de cette parodie d'encyclopédie. Lancinante curiosité de Flaubert, renouvelant sans cesse sur sa table de travail de multiples livres dont le voisinage était aussi insolite que la table des matières du chapitre VIII de son ouvrage : le *Dictionnaire des sciences occultes* de Collin de Plancy voisine avec l'*Essai sur le libre-arbitre* de Schopenhauer et *Les Farfadets ou Tous les démons ne sont pas de l'autre monde* de Berbiguier, voisine avec la *Critique de la raison pure* de Kant. Curiosité de Flaubert, attisée par sa lecture de Hegel, donnant lieu à ce roman unique, circulaire, inachevé et interminable. Pèlerinage errant de l'écriture de Flaubert, au rythme d'une curiosité frénétique, à l'image des errances de ses deux héros, à l'image aussi de ces pèlerins en quête de l'inaccessible sacré.

Autre pèlerin de l'extrême curiosité, Baudelaire, dans son *Le Spleen de Paris*, avait attribué à chacun sa Chimère : « Sous un grand ciel gris, dans une grande plaine poudreuse, sans chemins, sans gazon, sans une ortie, je rencontrai plusieurs hommes qui marchaient courbés. Chacun d'eux portait sur son dos une énorme Chimère. […] Chose curieuse à noter : aucun de ces voyageurs n'avait l'air irrité contre la bête féroce

---

1. *Bouvard et Pécuchet*, éd. cit., p. 325.

suspendue à son cou et collée à son dos ; on eût dit qu'il la considérait comme faisant partie de lui-même » [1].

Quelle est donc cette curiosité qui pousse ces pèlerins des pèlerinages sur les grands chemins, leur Chimère sur le dos ?

Les pèlerins, voyageurs du sacré

– Du jardin à la route.

Laissons la curiosité de nos bonshommes dans l'espace de leur jardin et le temps répétitif de leurs aventures pour aller à la rencontre de la curiosité de ces voyageurs du sacré, libérés de l'espace clos, en marche sur les chemins et les routes, soumis au temps eschatologique du mystère.

La *peregrinatio* est une figure de la curiosité qui semble universelle : l'Egypte ancienne, la Grèce antique, l'Occident et l'Orient chrétiens et les terres d'Islam l'incarnent en partage avec l'Inde, l'Extrême Orient et les deux Amériques. Aujourd'hui la tradition se perpétue entre autres vers Jérusalem, La Mecque et surtout au Tibet le long de la périlleuse « route du thé » empruntée autrefois par les caravaniers. On y trouve partout quatre données sémantiques qui font vibrer la curiosité du pèlerin : a) La route – risque de la vie et mise à l'épreuve de l'espace. b) Le rite – qui doit être accompli au terme du voyage. c) Le travail sur soi et le cheminement – l'étranger est d'une part celui qui vient d'ailleurs et d'autre part cet homme qui parcourt, cet homme qui passe et qui est de soi étranger. d) La fête de la rencontre avec l'objet suprême de la curiosité – l'apparition dans le lieu sacré où s'accomplit la gestuaire pèlerine.

---

1. Baudelaire, *Le Spleen de Paris*, « Chacun sa Chimère », « Bibliothèque de la Pléiade », Paris, Gallimard, p. 235-236.

La curiosité du *peregrinus* est rythmée par trois moments d'inquiétude : le caractère « extraordinaire » du fait pèlerin réside en un premier temps dans la solennité du départ, de l'aller pèlerin, départ qui n'implique pas nécessairement un retour, la terre de la promesse l'emportant en curiosité sur la terre de la naissance. Affublé de signes par lesquels il est reconnaissable et qui font de lui un objet de curiosité, le costume, le bourdon, la gourde, la panetière, l'escarcelle accompagnent les clefs de Saint Pierre ou la coquille de Compostelle dessinées sur les rebords du chapeau. Transmutation de l'homme, transmutation de l'espace qu'il faut parcourir à pied, passion des chemins évoquée par exemple dans le *Guide du pèlerin* de Saint Jacques de Compostelle au treizième siècle. En un second temps, il s'agit de s'imprégner du lieu sacré, lieu cosmique ou historique, signe d'une marque divine ou surnaturelle ; on vénère les tombeaux de corps imputrescibles et les reliques. Le pèlerin peut s'en imprégner au point de se faire enterrer dans le lieu saint, gagnant ainsi une assurance d'immortalité. En un troisième temps, la dramaturgie de la rencontre sacrale donne tout son sens à l'aventure de l'« ailleurs », ni n'importe où dans l'espace ni n'importe quand dans le temps : espace sacral et temps sacral. Le désir d'atteindre l'ailleurs dans cet espace et ce temps étroitement tramés est la conscience d'accomplir un acte extraordinaire, de vivre la délivrance des travaux et des jours. Les sociétés stables rejettent avec mépris le pèlerin qui, lui, donne sens à l'insensé, illuminant le quotidien par une énergie de transcendance capable de substituer à la banalité du réel le mystère de l'unique. La curiosité est recherche de la rencontre avec l'Autre, un autre qui n'est pas le prochain mais un autre dont l'altérité soit pour le pèlerin transmutante.

– La puissance psychosacrale de l'image de religion.

Le Livre de Job caractérise la spécificité de cette curiosité pèlerine pour l'Autre : « Je ne te connaissais que par ouï-dire, mais maintenant mes yeux t'ont vu »[1]. Par la médiation de la sacralité sans laquelle il n'y a pas de culte, c'est l'image de religion qui est l'objet de la curiosité du pèlerin. Image ambivalente, physiquement passive mais douée d'une aptitude active à susciter l'éveil de l'imaginaire. Elle est moyen ou support de la curiosité car elle est dotée d'une triple fonction : représentative, symbolique et théophanique. C'est ainsi qu'elle fait vivre la certitude de la présence surnaturelle. Représentative, elle manifeste un récit ou une scène ; par exemple, l'imagier chrétien dessine la légende de la vie d'un saint. Symbolique, indifférente au critère de vraisemblance, elle exerce la curiosité de la recherche d'un sens, souvent à plusieurs niveaux, comme la croix : symbole sensible du corps supplicié ; symbole sotériologique de l'accomplissement du mystère rédempteur. Théophanique, elle se fait icône ; elle ne dit plus rien ; elle profile seulement en silence la présence, à la limite de la matérialité. Dans le christianisme occidental, la curiosité pour l'image majeure du crucifié est une curiosité inquiète du fait de son ambivalence : croix de gloire et croix de douleur, triomphe et infamie, dramatique de la Piéta et résurrection. Quant aux pèlerins de la folie de la première Croisade, ces soldats de la guerre sainte, à la fois pacifiques et barbares, leur ruée vers la Jérusalem terrestre et céleste témoigne de la déraison de la vérité de la Croisade et de sa

---

1. *Job*, XLII, 5.

culture panique[1]. Leur route est passion. Ces thématiques se retrouvent chez les grands voyageurs et les découvreurs, par exemple chez Christophe Colomb…La curiosité bascule de l'inquiétude dans l'effroi du risque et dans la panique parce que, contrairement à la linéarité du temps moderne, le temps eschatologique est le temps de l'attente, de la violence ou de l'angoisse. La dramatique de la Croisade exige une fin des temps. Cette figure de la curiosité hors lieu et hors temps n'a que faire de l'histoire; son appartenance à l'anthropologie panique des religions populaires est arrachement à la finitude. La curiosité inquiète des pèlerins, que ce soit celle, dérisoire, de Bouvard et de Pécuchet ou celle du travail d'écriture de l'auteur de leurs aventures ou encore celle, éblouie, des soldats croisés, porte la marque de l'infini. La curiosité, en tant qu'elle manifeste un désir insatisfait est conscience d'un manque d'être, élan de la liberté qui conjure toute orientation inféodée à une norme et une fin. Songeons à la grandeur de Husserl, exclu de l'université et de la libre parole, qui, vieux et isolé, défendit avec persévérance le rationalisme de l'intérêt théorique pour ce qui est sans intérêt, couvrant de notices philosophiques le verso du papier administratif qui portait l'interdiction d'occuper les lieux de sa recherche et de son enseignement. La curiosité porte ainsi à l'infini son énergie, fortifiant dans l'inquiétude le courage du risque[2].

---

1. Où le renvoi étymologique au Dieu Pan donne toute la mesure de la curiosité inquiète des premiers croisés: plus que de l'inquiétude, la prise de risque face à la brutalité soudaine de l'événement, l'effroi.

2. Sartre a consacré de nombreuses réflexions à cet enjeu, en particulier dans *L'être et le néant*, Paris, Gallimard, 1943, p. *567sq.* et dans *L'imagination*, Paris, Gallimard, 1940, 4ᵉ partie, «La vie imaginaire».

Capable des plus grands risques, de jouer sa vie comme on joue aux dés, le curieux élève la puissance de son regard jusqu'à l'infini, visionnaire, voyant ou voyou-voyeur.

CURIOSITÉ, PUISSANCE D'INFINI

Affecter une nouvelle forme de *gravité* à la curiosité suppose de la débarrasser du *sérieux* en déplaçant le lieu spéculatif où elle s'exerce, de substituer à la concentration spatiale sur la nature et à la concentration temporelle sur l'histoire la dimension de l'anticipation.

En 1725, dans ses *Principes d'une science nouvelle relative à la nature commune des nations*, Vico éclaire la problématique de la curiosité en cherchant les principes de ce que font les hommes dans «les modifications de l'esprit humain»[1]. Après les premiers âges où elle est plongée dans le corps et la sensibilité, l'humanité est animée d'une puissance imaginative (*fantasia*), compréhension profondément originale d'une logique de l'histoire qui porte sur des choses qui ont des causes et dont nous sommes nous-mêmes les causes. Cette science du concret en vient à suggérer que dans l'ordre pratique les hommes sont *créateurs* des réalités morales et politiques même si l'activité propre au sujet humain conserve toujours pour lui une irréductible obscurité. Les «cerveaux enfantins» fascinés par «l'amer savoir» que l'on tire du voyage sont certes en effet obscurs à eux-mêmes sous la plume de Baudelaire. Mais la rançon de la curiosité, désir et crainte mêlés, est la certitude de notre infini pouvoir de penser et

---

1. Vico, *Principes d'une science nouvelle*, Paris, Nagel, 1986, § 376, p. 122.

d'agir, fût-ce dans la plus triviale passion pour le « fait divers ».

Avec la *sapienza poetica*, concept surtout présent dans les éditions de 1730 et 1744 de la *Science nouvelle* – le second livre lui est consacré – Vico interroge la culture primitive du genre humain, fondée sur la sensibilité et les émotions plus que sur l'intelligence. Dans la section des « Éléments » de la *Science nouvelle*, Vico se concentre sur deux propriétés de la *mens* : la « stupore » – étonnement ou admiration – et la curiosité. L'admiration est « fille de l'ignorance »[1] tandis que la curiosité est « fille de l'ignorance et mère de la science »[2]. La curiosité est sœur de l'admiration. Elle a pu être considérée comme un vice moral par Dante et Pétrarque mais pour Galilée, Bruno et Bacon elle est l'impulsion décisive qui ouvre la voie à la connaissance rationnelle et à la modernité. Elle intègre l'étonnement et va résoudre le traumatisme qu'il provoque, quand elle cherche le *sens* de l'expérience.

Ce dépassement des limites assignées au connaître et à l'agir est le refus de toute injonction, qu'elle prenne la forme malebranchiste du rejet des connaissances « malhonnêtes » ou celle de la « discipline » kantienne de la raison pure théorique et pratique. Est curieux celui qui court le risque de transgresser les limites, de fréquenter le surhumain et l'immoralité. Car qui ou quoi assigne les limites ? La curiosité récuse cette *autorité* qu'elle combat par sa *puissance* d'aller au-delà. Quelle est la nature de cette puissance ?

Nietzsche propose de la désigner comme un « dépassement de soi ». La première occurrence de cette expression est dans Zarathoustra : « Ce que nous voulons c'est bien plutôt

---

1. Vico, *Science nouvelle*, éd. cit., p. 98.
2. *Ibid.*, p. 99.

remplir strictement *notre mesure* et aspirer à conquérir la plus
grande mesure de puissance sur les choses »[1]. Mais où irons-
nous chercher notre impératif ? Ce ne sera plus un « Tu dois »
mais le « Il faut » de l'homme en qui déborde la puissance du
créateur. Ainsi, le curieux est celui qui refuse le bien connu,
car « le bien connu est l'habituel ; et l'habituel est ce qu'il y a de
plus difficile à *connaître*, c'est-à-dire à voir comme problème,
c'est-à-dire à voir comme étranger, éloigné, *extérieur à nous*.
[…] Il est presque contradictoire et insensé de vouloir prendre
pour objet en général le non étranger »[2]. Peut-on tenter de voir
à l'œuvre dans les utopies cette force créatrice d'anticipation
et du « dépassement de soi », par-delà la nature et l'histoire ?

Curiosité et visionnaires de l'utopie

L'humour accompagne assez souvent la curiosité
utopique. Si l'humour proscrit l'esprit de sérieux, il n'interdit
pas la gravité : comment échapper à l'oppression et au malheur
sinon en repensant la nature de l'homme non comme un passé
nostalgique mais comme la fiction *réelle* d'un avenir inventé
par l'imaginaire sans limites de la curiosité ? Songeons à
l'hégélianisme hérétique d'Ernst Bloch dans son acharnement
à défendre les utopies : « Le monde tel qu'il existe *n'est pas
vrai*. Il existe un deuxième concept de vérité, qui n'est pas
positiviste, qui n'est pas fondé sur une constatation de la
facticité […] comme par exemple […] dans l'expression de
Juvénal *Tempestas poetica* – c'est-à-dire une tempête telle
qu'elle se trouve dans le livre, une tempête poétique, telle que
la réalité ne la connaît jamais, une tempête menée jusqu'au

---

1. Nietzsche, « Ainsi parlait Zarathoustra », II, *Œuvres*, t. II, Paris,
Robert Laffont, 1993, p. 371.

2. Nietzsche, *Le Gai Savoir*, § 355, *ibid.*, p. 221.

bout, une tempête radicale. Donc une *vraie* tempête dans ce cas par rapport à l'esthétique, à la poésie. [...] Et si cela ne correspond pas aux faits, [...] dans ce cas-là, *tant pis pour les faits (um so schlimmer für die Tatsachen)*, comme le disait le vieux Hegel » [1]. S'il s'agit bien de produits de la curiosité, ces utopies ne se soumettent pas à la plate définition de songes irréalistes ou irréalisables. Comment savoir par avance quels modèles seront ou non « réalisables » à l'avenir ? La formulation déjà ancienne du sociologue Karl Mannheim garde son entière pertinence : toutes les représentations, aspirations ou images de désir qui s'orientent vers la rupture de l'ordre établi et exercent une fonction subversive en projetant dans l'avenir un état idéal, juste et humain, qui n'existe encore nulle part, *u-topos* [2].

Héritiers de penseurs antiques et renaissants [3], les utopistes manifestent leur rapport à la curiosité, une fois identifiés

---

1. Entretien avec Ernst Bloch, publié par Michael Löwy en annexe de son livre *Pour une sociologie des intellectuels révolutionnaires. L'évolution politique de Lukacs, 1909-1929*, Paris, P.U.F., 1976, p. 294.

2. K. Mannheim, *Idéologie et utopie*, trad. P. Rollet, Paris, Marcel Rivière, 1956, surtout p. 124-135.

3. Avant l'inaugural *De optimo reipublicae statu deque nova insula Utopia* de Thomas More en 1516, de nombreux ouvrages suscitent le désaccord des commentateurs quant à leur appartenance au « genre » de l'utopie ; ils n'en doivent pas moins être considérés comme d'indéniables projets précurseurs : par exemple, et entre beaucoup d'autres, le tracé géométrique des villes par Hippodamos de Milet qu'Aristote présente au chapitre VIII du livre II de sa *Politique*, le livre XIII de la *Genèse*, *Les Oiseaux* d'Aristophane, la *République* de Platon, les *Métamorphoses* d'Ovide, le *Satiricon* de Pétrone, la *Cité de Dieu* d'Augustin, l'immense littérature du millénarisme, du *Talmud* et de la Réforme, *L'Éloge de la folie* d'Érasme, le *Gargantua* de Rabelais, *La Cité du Soleil* de Campanella, *La Nouvelle Atlantide* de Francis Bacon, puis, plus près de nos auteurs, *Les États et Empires de la Lune* de Cyrano de Bergerac, Le

comme tels en établissant les caractères qui assurent la détermination et l'unité d'un « genre » à partir de la prise en compte ou de la remise en cause de plusieurs distinctions et descriptions classiques :

1) L'utopie est *réelle* au sens hégélien évoqué plus haut ; on ne peut donc que déplorer la pauvreté de l'opposition entre l'utopie gravée dans les pages d'un livre et l'utopie construite dans un pays, une architecture urbaine ou un jardin. L'une et l'autre participent tout autant du *concret* : il s'agira de légitimer l'affirmation de cette commune participation tout en reconnaissant deux modalités distinctes de cette relation au concret. La conception rousseauiste du roman pourrait bien être l'illustration éponyme de cette recherche et de sa complexité car le « petit monde différent du nôtre » qu'évoque la seconde préface à la *Nouvelle Héloïse*[1] en 1761 n'est pas habité par des « êtres romanesques qui ne peuvent exister que dans les livres » comme les bergers d'Arcadie mais par des modèles d'humanité capables de « montrer aux gens aisés que la vie rustique et l'agriculture ont des plaisirs qu'ils ne savent pas connaître »[2]. Y a-t-il plus *concret* que la *chimère* de ce monde *idéal* ? Y a-t-il plus vive curiosité que l'appétit pour cet *autre* plaisir jamais éprouvé jusqu'alors ?

2) La topographie et la géographie dessinent un espace clos qui met le monde empirique à l'écart et le rend étranger par un geste de scission entre intérieur et extérieur. Qu'elle soit vantée ou blâmée, cette clôture est l'acte de naissance de toute

Léviathan de Hobbes, *L'Oceana* de Harrington, le *Télémaque* de Fénelon, l'*Histoire des Sévérambes* attribuée à Vairasse, l'*Histoire de l'Ile de Calévaja* de Claude Gilbert…,

1. Rousseau, « Julie ou la Nouvelle Héloïse », *Œuvres Complètes*, « Bibliothèque de la Pléiade », t. II, Paris, Gallimard, 1964, p. 17.

2. *Ibid.*, p. 22.

utopie, nécessaire mais éventuellement temporaire. Le « plan utopique »[1] d'Anacharsis Cloots en 1792 vise à faire disparaître toute trace de morcellement et de juxtaposition d'éléments : « Tant que nous aurons des voisins, et des armées, et des forteresses, notre existence sera précaire et incertaine, nous éprouverons de violents orages »[2]. Dès lors que ce « plan » vise à l'émergence d'un État unique, centralisé et tout-puissant, nous sommes mis en demeure de comprendre comment, paradoxalement, la clôture assurera le passage à l'universel, à cette « Loi universelle » qui « réalisera les fables de l'Âge d'or »[3]. Au temps des Lumières, la curiosité utopique unit étrangement l'ancien leitmotiv de la cité isolée et cernée de murailles ou de l'île difficilement accessible avec le dépassement de l'horizon vers l'infini. Pouvoir universel et infinité de l'univers se conjuguent au cours de voyages de la terre à la lune, de navigations dans l'air et sur mer, d'expéditions au centre de la terre. Le thème de la pluralité des mondes dans les *Entretiens* de Fontenelle et celui de la navigation aérienne dans l'*Arlequin, roi de la Lune* côtoient les mille *Voyages imaginaires, songes, visions et romans cabalistiques* rassemblés et publiés par Charles Georges Thomas Garnier de 1787 à 1789.

3) La critique ou la satire de l'ordre social ancien contraste avec la description d'une cité parfaite dirigée par des gouvernants justes et vertueux, soucieux soit de la prospérité de l'Etat, soit du bonheur des citoyens. Ainsi en va-t-il chez Montesquieu en 1721 de la métamorphose du peuple

---

1. Anacharsis Cloots, *La République universelle ou adresse aux tyrannicides*, chez les marchands de nouveauté, 1792, p. 17.
2. *Ibid.*, p. 12.
3. *Ibid.*, p. 8.

troglodyte d'abord victime de sa méchanceté et de son injustice puis transfiguré par la médiation de deux survivants en un peuple bon et vertueux : « Dans ce pays heureux, la cupidité était étrangère : ils se faisaient des présents où celui qui donnait croyait toujours avoir l'avantage. Le peuple troglodyte se regardait comme une seule famille : les troupeaux étaient presque toujours confondus ; la seule peine qu'on s'épargnait ordinairement, c'était de les partager »[1]. Curiosité pour ce monde harmonieux, exempt de tous les vices de nos sociétés historiques ; curiosité aussi pour les éventuels moyens d'y accéder.

4) L'opposition entre l'organisation « totalitaire » de certains programmes comme celui de Saint-Just dans ses *Fragments sur les institutions républicaines*[2] en 1793 et l'organisation « libertaire » de certains autres comme celui de Diderot chez les Otaïtiens du *Supplément au Voyage de Bougainville*[3] en 1780 est compliquée par la divergence entre ceux qui, comme Fénelon dans *Les Aventures de Télémaque* en 1699 perpétuent la tradition de l'Âge d'or où les habitants de la cité utopique jouissent d'un bonheur directement prodigué par la nature – chez Fénelon, la Bétique n'a besoin ni de lois ni de pouvoir politique et judiciaire ; la perfection y est toujours déjà donnée et nul obstacle ne vient contrarier sa conservation[4] – et ceux qui, comme la plupart, insistent sur la

---

1. Montesquieu, « Lettre XII d'Usbek à Mirza », *Lettres persanes*, Paris, GF-Flammarion, 1995, p. 58.
2. Saint-Just, *Fragments sur les institutions républicaines*, Paris, UGE, 1963, surtout VIe fragment, p. 160.
3. Diderot, *Supplément au Voyage de Bougainville*, publié en 1796, *Œuvres Complètes*, t. II, Paris, Robert Laffont, p. 541-578.
4. Fénelon, *Les aventures de Télémaque*, Paris, GF-Flammarion, 1968, surtout le livre VII, p. 205-210.

domination de la nature, l'activité, le travail et l'effort, seuls moyens d'assurer un progrès vers un âge d'or à venir[1]. Proche du regard des pèlerins tourné vers l'apparition d'un au-delà, l'orientation vers l'âge d'or oscille, comme Bouvard et Pécuchet, entre le tremplin d'une nature providentielle et la nécessité de transformer une nature hostile.

5) Face au refus du temps destructeur, du temps de l'histoire et tout autant au refus du temps cyclique, l'idée de la *durée* et de la *fin* de l'utopie peut prendre plusieurs significations : elle peut être la revendication d'une perfection éternelle comme celle de *La République d'Oceana*, de Harrington, en 1656, incorruptible et indemne de tout principe de mortalité[2]. À l'inverse, jetant un regard rétroactif sur la vie de tous les Utopiens, Aldous Huxley voit dans l'utopie une retombée dans la barbarie et choisit comme exergue à son roman *Le Meilleur des mondes*, en 1932, l'accablant et tragique diagnostic de Nicolas Berdiaev : «Les utopies apparaissent comme bien plus réalisables qu'on ne le croyait autrefois. Et nous nous trouvons actuellement devant une question bien autrement angoissante : comment éviter leur réalisation définitive ? ... Les utopies sont réalisables. La vie marche vers les utopies. Et peut-être un siècle nouveau commence-t-il, un siècle où les intellectuels et la classe cultivée rêveront au moyen d'éviter les utopies et de retourner à une société non utopique moins «parfaite» et plus libre»[3]. Comment comprendre dès lors que soient nombreux ceux qui, aux vingtième et vingt et unième siècles se tournent vers le temps

---

1. C'est le cas de l'Abbé de Saint-Pierre dans son «Projet pour perfectionner le gouvernement des Etats», *Ouvrages de politique*, Rotterdam, 1733, t. III, p. 229-230.

2. *Œuvres politiques*, Leclère, an III, t. II, surtout p. 120-130.

3. A. Huxley, *Le Meilleur des mondes*, Paris, Pocket, 2008, p. 5.

des Lumières avec nostalgie, souffrant de vivre la «fin» des utopies comme une *panne* politique, un triomphe des technocraties et un risque de retour des mythologies? *Panne politique qui serait la panne* d'un droit à une curiosité utopique et le risque de basculer dans la science fiction.

6) Insupportable perfection? Jamais sans doute les utopistes du temps des Lumières n'auraient imaginé les individus qui vivent *Un bonheur insoutenable*, ce bonheur obligatoire qu'Ira Levin attribue avec dérision à la vertu d'un bracelet relié à un ordinateur central qui gère la vie de tout un chacun[1]. Il conviendrait alors de s'interroger sur l'existence d'anti-utopies et de contre-utopies. Si tel n'est pas le cas, la signification et la valeur des utopies sont de rendre possibles la fondation de l'action politique et la construction *effectivement réelle* d'une société juste où le bonheur des citoyens soit non seulement *soutenable* mais constitue la seule finalité authentique d'une histoire réorientée. La dixième et dernière «Époque» de l'*Esquisse d'un tableau historique des progrès de l'esprit humain*[2] en 1794 donne à Condorcet la stature de l'emblème de ce que *fait* et de ce que *peut* l'utopie : la nature n'ayant mis aucun terme à nos espérances, il s'agit de faire advenir ce que Bacon appelait déjà en 1623 «le règne de l'homme»[3]. On sait que la puissance de la curiosité de Condorcet l'invitera à espérer faire reculer la mort, jusqu'à la faire disparaître! Reste cependant la difficulté que soulevait Jean-Baptiste Robinet après sa lecture convaincue du *Vrai*

1. I. Levin, *This perfect day*, 1970, *Un bonheur insoutenable*, Paris, J'ai lu, 1972.

2. Condorcet, *Esquisse d'un tableau historique des progrès de l'esprit humain*, Paris, GF-Flammarion, 1988, surtout p. 290-295.

3. F. Bacon, *La Nouvelle Atlantide*, Paris, GF-Flammarion, 1995, p. 115-130.

Système de Dom Deschamps et de la réalisation de l'état de mœurs : « Il faut pour l'établir un concours de personnes qu'il sera fort difficile de convaincre. Qui attachera le grelot ? »[1].

Le champ du possible s'est ouvert et substitué à celui du fait et de la finalité. Ce que les variétés monstrueuses porteuses de mutations inédites sont à la physiologie, le foisonnement utopique porteur de mondes nouveaux l'est à l'existence et singulièrement à la vie politique.

Pour tenter de satisfaire cette nouvelle curiosité, il faudrait parcourir une sorte de nuancier, dégradé du rose au noir, palette des imaginaires utopiques. La puissance de la curiosité sadienne donne à voir les deux extrémités de ce nuancier, de la plus délicieuse à la plus diabolique.

Dans son roman épistolaire *Aline et Valcour*, rédigé à la Bastille en 1785, Sade décrit la contrée « délicieuse », cette île « charmante » où Sainville a la chance de débarquer après avoir providentiellement échappé à d'effroyables aventures[2]. La description du royaume de Zamé est l'utopie rose du roman : dès l'abord, tout n'est qu'ordre et calme, « cette ville construite sur un plan régulier, nous offrit un coup d'œil charmant … Sa forme en était exactement ronde ; toutes les rues en étaient alignées »[3]. On songe aux plans d'urbanisme pour la Pologne et la Lorraine, tracés dans son *Entretien d'un Européen avec un insulaire de Dumocala*[4] par Stanislas Leszczynski, et à l'article « Jardin » de l'*Encyclopédie* déjà

1. L.-M. Deschamps, *Œuvres philosophiques*, texte établi par Bernard Delhaume, Paris, Vrin, 1993, 2 volumes, p. 441-442.

2. Je me réfère aux *Œuvres Complètes* de Sade éditées à Paris au Cercle du Livre précieux, en 1966 ; *Aline et Valcour*, t. IV, p. 252.

3. *Ibid.*, p. 253.

4. S. Leszczynski, *Entretien d'un Européen avec un insulaire de Dumocala*, Edité à Paris, Duchesne, 1755.

évoqué plus haut qui rappelle l'étymologie grecque du *paradisos*, le jardin d'Eden, les lieux de délices des jardins de Babylone et le charme des jardins anglais : « Les Français, si longtemps plongés dans la barbarie, n'ont point eu idée de la décoration des *jardins* ni du jardinage avant le siècle de Louis XIV. C'est sous ce prince que cet art fut d'un côté créé, perfectionné par La Quintinie pour l'utile et par Le Nôtre pour l'agréable [...] Ainsi La Quintinie apprit de la nature, Des utiles jardins l'agréable culture » [1]. Le gouvernement du royaume de Zamé est à l'image de cet urbanisme serein : « Grand par ses seules vertus, respecté par sa seule sagesse, gardé par le seul cœur du peuple, je me suis transporté, en le voyant, dans ces temps heureux de l'âge d'or, où les rois n'étaient que les amis de leurs sujets » [2]. Le roi explique à Sainville que le législateur a pu atteindre ce statut idéal en concevant la civilisation comme l'état de liberté pour lequel l'a formé la nature. L'établissement de l'égalité et des mœurs vertueuses résulte d'une éducation républicaine, les enfants étant très rapidement séparés des parents qu'ils continuent de chérir tout en devenant meilleurs citoyens en s'accoutumant à voir la patrie comme une autre mère. Ce sont l'indulgence, la douceur et le moindre risque de transgression qui caractérisent les lois de Zamé. L'égalité n'est point mise en danger par la répartition des propriétés : « Chacun a sa petite terre à part ; c'est médiocre, mais c'est par cette médiocrité même que j'entretiens leur industrie ; moins on en a, plus on est intéressé à la cultiver avec soin » [3]. Les sciences, les arts et l'information sont réduits au minimum. C'est à ce prix qu'est obtenu le

1. *Encyclopédie*, article « Jardin », t. VIII, p. 459.
2. Sade, *Aline et Valcour*, éd. cit., p. 254.
3. *Ibid.*, p. 333.

bonheur, dans une atmosphère de patriotisme serein. On mesure l'humour de cette caricature d'utopie rose confrontée à l'hostilité du divin Marquis autant à l'égard de la monarchie qu'à l'égard de Marat et de « l'infâme Robespierre ». En effet, l'imaginaire sadien au service de la Révolution subordonne résolument le politique à l'érotique, ce qui condamne une référence sociale à des valeurs morales et tout autant à des valeurs immorales. C'est pourquoi l'utopie noire rencontrée dans le même roman ne manque pas moins d'humour. En effet, pour Sade, la création d'un univers par la toute-puissance du libertin ne se limite pas à l'individu ni même à la société secrète ; il s'étend au projet politique, ici au royaume de Butua, représentation sociale de l'utopie du mal et de la perversité. Il constitue la réalisation historique du système de Saint-Fond, le héros monstrueux de *Justine*, l'exercice public du sadisme. Ce sadisme est le fait d'une minorité, les Grands, qui sont aussi les chefs. La forme du gouvernement ici décrite est un absolutisme sauvage où une minorité meurtrière écrase une majorité soumise, un peuple d'esclaves menacé par le cannibalisme et l'anthropophagie du terrible tyran Ben Maâcoro qui assouvit ainsi ses moindres désirs. « Ici il faut avouer que la corruption est extrême ; elle ne saurait être portée plus loin. Tous les désordres y sont communs et tous y sont impunis » [1]. La loi est celle du détenteur du pouvoir, celle de son plaisir, au moment qu'il choisit et de la manière qui lui sied. C'est le principe de jouissance illimitée de soi. Il n'est pas rare « de voir deux ou trois principaux chefs se réunir pour aller, par seul principe d'amusement, saccager, détruire, incendier une bourgade, et en massacrer tous les habitants sans aucune distinction

---

1. Sade, *Aline et Valcour*, éd. cit., p. 219.

d'âge ou de sexe » [1]. Entièrement privés de sensibilité, ils n'imaginent pas qu'on puisse s'affliger de la mort d'un parent ou d'un ami. Le système d'observances et d'interdictions, le code des esclaves, est enseigné. Le royaume de Butua donne, par ses écoles, l'esquisse d'une éducation prodiguée aux esclaves pour en faire des victimes. Cette école est donc celle des conditions de possibilité de l'existence de marionnettes totalement asservies aux libertins. Le système, à Butua, est très simple : les instituteurs sont les prêtres, leur enseignement est une école de soumission et de sacrifice, irréfléchi et absolu, pour les chefs. Il va de soi que cette école d'esclavage s'adresse aux hommes. Les femmes sont enchaînées et réduites à l'impuissance. C'est la réalisation politique du rêve solitaire de Minski dans l'*Histoire de Juliette* : « J'exerce tous les droits du souverain, je goûte tous les plaisirs du despotisme, je ne crains aucun homme et je vis content … Des captures, des vols, des incendies, des meurtres : tout ce qui se présente de criminel à moi, je l'exécute, parce que la nature m'a donné le goût et la faculté de tous les crimes et qu'il n'en est aucun que je ne chérisse et dont je ne fasse mes plus doux plaisirs » [2].

Le curieux, utopiste visionnaire, exerce sa puissance d'infini en se faisant voyant. Mais, de Condorcet à Sade, le voyant soucieux de l'avenir bienheureux de l'humanité s'est fait voyou, déplaçant le lieu d'application de sa curiosité à ses seuls plaisirs cruels. Ce glissement de sens [3] nous invite à interroger la détermination de l'essence de la curiosité comme

---

1. *Ibid.*, p. 232.

2. Sade, *Histoire de Juliette, Œuvres Complètes*, éd. cit., t. VIII, p. 561.

3. Rimbaud exalte le voyant dans sa lettre à Georges Izambard du 13 mai 1871.

puissance d'infini : en fin de compte, le curieux par excellence n'est-il pas, dans tous ses états, animé par le voyeurisme ?

La logique de la curiosité : le voyeurisme

Si la période que nous vivons dans nos sociétés « développées » manifeste une *panne* de curiosité utopique, il n'en va pas de même de la curiosité scopique ! J'ai déjà fait allusion ci-dessus à plusieurs reprises à cette débauche démonstrative. Revenons-y un instant en manière d'introduction à cette problématique de la logique voyeuriste de la curiosité.

Fin d'un tabou ? Des écrans de télévision à ceux de nos ordinateurs, du roman à la publicité et à l'art, l'exhibitionnisme et le voyeurisme font recette ! Songeons à l'émission programmée il y a quelques années sur la chaîne de télévision française M6, *Loft Story*. Pour le lancement de ce « feuilleton », l'appel à candidatures a attiré 38 000 postulants et la première émission a compté six millions de spectateurs. La curiosité infinie pour ce que fait l'autre en cachette de nous, pour ce que nous refusons généralement de montrer ou d'avouer trouve matière à se satisfaire dans les formes diverses et inépuisables d'expositions de la vie quotidienne de tel ou tel. Ces transformations des pratiques – surtout sexuelles – en « installations » n'obligent plus le voyeur à coller son œil au trou de la serrure ou à braquer ses jumelles sur les fenêtres des voisins. À New York, le Moma organisa une exposition baptisée « The Un-Private House » – la maison non privée – mobilisant vingt-six architectes qui réalisèrent des projets d'habitation ouverte au regard des autres. On y installe des judas électroniques pour être vu sans voir. Restriction de la sphère privée, perte de soi dans l'autre qui m'intéresse parce qu'il est mon miroir, comme le suggère Michel Maffesoli dans *Le Temps des tribus*[1].

Internet n'est pas en reste : il est courant de mettre son intimité « en ligne », entre autres possibilités répertoriées par Philippe Lejeune[2], de s'inventer un « avatar » voire un nombre infini d'avatars, ces doubles virtuels de soi-même grâce auxquels par la médiation de « *Second Life* » on peut « recommencer sa vie à zéro » et vivre mille et une nouvelles vies plus exaltantes et plus réussies que cette existence réelle. On peut aussi exhiber sa vie privée par la médiation d'un roman[3], assurer davantage d'efficacité à la publicité, enrichir les vidéo-clubs de films pornographiques. Les réactions d'irritation, comme celle du collectif « Souriez, vous êtes filmé » qui invita les téléspectateurs à boycotter l'émission *Loft Story* et à déverser leurs poubelles devant le siège social de M6, ne parviennent pas à calmer cette frénésie, témoignage sans doute d'une obsession de la transparence et d'une vraie crise de l'imaginaire et de la création. On est bien loin des scrupules des voyageurs attentifs à établir le difficile équilibre entre le respect du droit à la différence d'autrui et la fidélité à ses propres valeurs, entre une saine curiosité et le voyeurisme. Que se passe-t-il quand le télescope de James Stewart quitte les étoiles pour se diriger vers l'appartement d'en face, dans le fantastique *Fenêtre sur cour* tourné par Hitchcock en 1954 ? Suivi par Cronenberg avec *Vidéodrome* en 1983, par Scorsese

---

1. M. Maffesoli, *Le Temps des tribus*, Paris, La Table ronde, 1988.
2. Dans son ouvrage *Cher Écran*, Paris, Seuil, 2001.
3. Incontestable et énorme succès en librairie du roman de Catherine Millet, *La vie sexuelle de Catherine M.* Paris, Seuil, 2002 ; elle-même n'hésita pas à se faire l'objet d'un roman où elle est photographiée nue dans des lieux publics par son compagnon Jacques Henric dans *Légendes de Catherine M.*, Paris, Denoël, 2001.

à la même date avec *La Valse des pantins* et surtout par
Brian de Palma avec *Body double* en 1984, le grand cinéaste
s'inspire de ce détournement du regard comme d'une
addiction et d'une perversion. Faisant du désir besoin et du
besoin désir, le pervers s'adonne à un ingénieux bricolage,
détournant les fonctions utiles des objets techniques, voire
inventant des machines qui ne servent à rien sinon au plaisir !
Cette déviation est rapportée par Deleuze et Guattari dans
L'anti-Œdipe à la nature « machinique » du désir : « La règle
de produire toujours du produire, de greffer du produire sur le
produit, est le caractère des machines désirantes ou de la
production primaire : production de production »[1]. On fait
face au fétichisme du collectionneur, de celui que nous avons
rencontré dans les cabinets de curiosité, et à sa monomanie.
« On imagine mal, dit Modiano des philatélistes, le machia-
vélisme et la férocité que dissimulent ces êtres tatillons »[2].
Quant à la bêtise de Bouvard et Pécuchet, elle tient à leur
obstination, à leur fixation : empêchés par là de progresser, ils
sont contraints de multiplier infatigablement les moyens de
rassasier un désir insatiable qui est toujours le même sous
divers travestissements[3].

Dans la petite enfance, et pas seulement chez les petites
filles sages et vilaines de la Comtesse de Ségur, le plaisir de
voir et le plaisir de montrer ne sont pas inhibés. Dans un article
déjà ancien, Karl Abraham s'empare de cette remarque au
demeurant banale et en donne des développements très riches

1. G. Deleuze, F. Guattari, *L'Anti-Œdipe*, Paris, Minuit, 1972, p. 15.
2. P. Modiano, *Les boulevards de Ceinture*, Paris, Folio-Gallimard,
1978, p. 87.
3. On trouvera d'intéressants développements sur ce thème dans
l'ouvrage de Patrick Vignoles, *La perversité*, 2ᵉ éd., Paris, Hatier, 2000, en
particulier, p. 80-102.

et très fins relativement au processus du voyeurisme. Après la période de la petite enfance, les pulsions voyeuristes et exhibitionnistes succombent au refoulement et à la sublimation, entraînant une perturbation de la relation de l'œil et de la vue au moi. Karl Abraham montre que le refoulement du voyeurisme entraîne une crainte névrotique de la lumière. Ceux qui en souffrent éprouvent désagréablement la lumière du soleil et la lumière électrique. Une lumière même atténuée les éblouit. Ils cherchent à protéger leurs yeux de tout rayon lumineux comme un obsédé du toucher préserverait ses mains de tout contact avec un objet. De nouveau la rencontre avec Bouvard et Pécuchet : le voyeurisme refoulé se transforme en une compulsion improductive au savoir qui n'est pas tournée vers les phénomènes réels ; c'est la rumination névrotique, caricature de la pensée philosophique [1]. Rencontre plus inattendue, à suivre Lacan au détour de la route des pèlerins et singulièrement des croisés, dans le sillage des travaux freudiens des années 1910 [2], ne trouve-t-on pas dissimulés dans les bagages des voyageurs, d'étranges fardeaux, souvent malignement déguisés en leurs contraires : les prières marmonnées et ruminées en chœur, hypertrophie du collectif et de la communauté qui protège des risques de surestimer la puissance de l'œil, orchestration savante du dispositif du fétiche qui permet de ne pas faire apparaître l'horreur du réel. Pour marcher, Tirésias et Œdipe ont besoin d'un guide.

1. K. Abraham, « Limitations et modifications du voyeurisme chez les névrosés », *Œuvres Complètes*, t. 2, 1915-1925, Paris, Payot, 1989.

2. En particulier, l'article de Freud, « Remarques sur un cas de névrose obsessionnelle », 1909, et l'article ultérieur sur « Le fétichisme », 1927.

La schize de l'œil et du regard, telle est la thèse de Lacan[1]. L'œil est concerné par ce qui est visible, ce qui se voit, ce qui s'étale là, devant la prise de la vision. Le regard, lui, n'est pas l'œil de l'esprit. Le curieux, s'il se révèle essentiellement voyeur est un sujet qui se fait regard. Le regard se présentifie au sujet sur le mode d'un « ça me regarde ». Quand je regarde par curiosité, je vois (ou ne vois pas) l'objet, je suis vu (ou non) par lui mais surtout je me constitue comme voyeur, sujet d'un désir dont le regard est la cause. Indiscrétion : je regarde parce que ça (ne) me regarde (pas).

CONCLUSION

Que la curiosité enivre les chercheurs, les collectionneurs, les joueurs, les voyageurs, les Bouvard et Pécuchet, les utopistes, les pèlerins, les amateurs de jumelles ou de télescopes … elle suppose un travail, une besogne, des montages techniques, une marche douloureuse. Pourquoi les curieux se donnent-ils tant de mal, pourquoi ou pour qui travaillent-ils tant ?

Rapportée au voyeurisme, l'essence de la curiosité peut être saisie comme puissance d'infini, inépuisable et infatigable tentative de *voir* l'Autre inaccessible, qui ne la *regarde* pas. Dans son récit *Roberte ce soir*[2], Pierre Klossowski met en scène un personnage – dont il fait, non sans humour, un théologien catholique – livré aux affres de la curiosité, toujours échouant, toujours se remettant à l'ouvrage. Octave se

---

1. J. Lacan, *Le Séminaire*, livre XI : *Les quatre concepts fondamentaux de la psychanalyse*, Paris, Seuil, 1973, surtout p. 95-100.
2. P. Klossowski, récit publié dans *Les lois de l'hospitalité*, Paris, Gallimard, 1965.

demande ce qu'il ne peut saisir en se faisant pure curiosité, pur objet regard en l'occurrence à la recherche de « la Roberte cachée », « la Roberte absolue », la « Roberte toute entière », son épouse qu'il prostitue, contre l'épouse quotidienne : « Octave se rend compte de l'insuffisance des moyens de la vie concrète pour parvenir à ses fins. Il tombe dans le plus ténébreux mysticisme ». Tel est le vœu secret d'Octave : connaître l'essence de Roberte comme Dieu la connaît. S'il y a de la perversité dans toute curiosité au sens où elle rêve de poser un regard panoptique sur l'objet de sa convoitise, on est en droit de repeindre et de préciser le visage du curieux dont le portrait tracé par La Bruyère a ouvert l'introduction à notre enquête. Sous le pinceau sans doute plus acéré de Lacan, le curieux est *un véritable homme de foi* et, même s'il fait profession d'athéisme, « un *croisé* qui s'épuise pour ce Dieu qu'il veut compléter et maintenir dans sa complétude éternelle »[1]. Sans sombrer, comme Octave, dans un ténébreux mysticisme, reconnaissons que les figures de la curiosité parcourues ci-dessus ont en partage l'irréductible exigence d'atteindre un au-delà de l'être connu et le désir, malgré l'inévitable imperfection de l'inachevé, de toujours recommencer.

1. Ces quelques remarques sont empruntées aux analyses d'Hervé Castanet, « Sur un cas de voyeurisme tiré de l'œuvre de Pierre Klossowski », dans *La Cause freudienne*, n° 25, Paris, Navarin-Seuil, p. 48-62.

TEXTES ET COMMENTAIRES

TEXTE 1

SAINT AUGUSTIN
Confessions, X, XXXV
De la seconde tentation qui est la curiosité [1]

À cette tentation [la volupté et en particulier celle de succomber aux beautés dont nous charment les yeux] il s'en joint une d'une autre sorte, qui est en toutes manières plus périlleuse. Car outre cette concupiscence de la chair qui se rencontre dans tous les plaisirs des sens, et de ces voluptés qui se font aimer avec tant de passion par ceux qui s'éloignent de vous, il y a dans l'âme une passion volage, indiscrète et curieuse, qui se couvrant du nom de science, la porte à se servir des sens, non plus pour prendre plaisir dans la chair, mais pour faire des épreuves et acquérir des connaissances par la chair. Et parce qu'elle consiste en un désir de connaître, et que la vue est le premier de tous les sens en ce qui regarde la connaissance, le Saint-Esprit l'a appelée la concupiscence des yeux.

Car encore qu'il n'y ait proprement que les yeux qui voient, nous ne laissons pas néanmoins d'user de ce terme en

---

1. *Confessions*, traduction d'Arnaud d'Andilly, 1770.

parlant des autres sens, lorsque nous les appliquons à ce qui concerne la connaissance. Ainsi nous ne disons pas : « Ecoutez comme il est brillant, ou sentez comme il est clair, ou goûtez comme il est lumineux, ou touchez comme il est resplendissant » : mais l'on use pour tout du mot de voir. Et ne nous contentant pas de dire : « Voyez quelle clarté c'est là », ce qui appartient seulement aux yeux, nous disons aussi : « Voyez quel est ce son ; voyez quelle est cette odeur ; voyez quelle est cette saveur, voyez quelle est cette dureté ».

Tellement que comme j'ai dit, toute sorte d'expérience qui se fait par les sens, s'appelle généralement la concupiscence des yeux, parce que lorsque les autres sens veulent entrer dans la connaissance de quelque chose, ils usurpent en quelque manière l'office de voir, qui appartient aux yeux par prérogative et par éminence. Or il n'est pas difficile de discerner ce que les sens font par volupté ou par curiosité : la volupté ne cherche que les beaux objets, les sons harmonieux, les odeurs agréables, les goûts délicieux, et ce qui peut plaire à l'attouchement. Et la curiosité s'attache même à des sujets tout contraires, et se porte aux choses fâcheuses et désagréables, non pour en ressentir de la peine et de la douleur, mais par le désir qui la pousse à vouloir tout savoir et tout éprouver. Car quel plaisir y a-t-il de voir un corps mort déchiré de coups qu'on ne peut regarder qu'avec horreur ? Et néanmoins lorsqu'il s'en rencontre, tous y courent pour s'attrister et pour en avoir de l'effroi, quoiqu'ils craignent même de revoir en songe un objet semblable ; comme si lorsqu'ils étaient éveillés on les avait contraints de le voir, ou qu'ils y fusent portés par la pensée qu'il y avait quelque beauté dans ce qu'ils désiraient de voir. Il en est de même des autres sens ; ce qui serait trop long à expliquer par le menu.

C'est cette maladie qui a fait trouver ce que l'on voit avec admiration dans les spectacles : c'est elle qui nous pousse à la recherche des secrets cachés de la nature qui ne nous regardent point, qu'il est inutile de connaître, et que les hommes ne veulent savoir que pour les savoir seulement : c'est elle qui fait qu'il se trouve aussi des personnes, qui pour satisfaire à ce malheureux désir de tout connaître, ont recours à la magie ; et c'est elle enfin qui dans la religion même ose tenter Dieu, en lui demandant des prodiges et des miracles par le seul désir d'en voir, et non pour l'utilité qui en doive naître.

Ô mon Dieu, mon Sauveur, combien par votre assistance et votre grâce ai-je fait de retranchements en mon cœur dans cette vaste forêt pleine de tant d'embûches et de dangers ? Et néanmoins le cours de notre vie se trouvant incessamment environné et assiégé de tous côtés d'un si grand nombre de périls de cette sorte, quand est-ce que j'oserai dire que nulle de ces choses ne me rend attentif à la regarder et ne me fait point tomber dans une vaine curiosité ? Il est vrai que le plaisir du théâtre ne me touche plus ; que je ne me soucie point de connaître le cours des astres ; que je n'ai jamais consulté les ombres des morts ; et que j'abhorre toutes ces pactions sacrilèges qui se font avec les démons. Mais Seigneur mon Dieu, auquel je dois servir avec humilité et simplicité, quels efforts cet immortel ennemi des hommes ne fait-il point par ses tentations et par ses ruses, afin de me porter à vous demander quelque miracle ? Je vous conjure par Jésus-Christ notre Roi, et par notre chère patrie, cette céleste Jérusalem qui est toute pure et toute chaste, que comme j'ai été fort éloigné jusqu'ici de consentir à cette tentation, je le sois toujours de plus en plus.

Mais lorsqu'il arrive, mon Dieu, que j'implore votre assistance pour la santé de quelqu'un, ma fin est alors fort différente de celle que j'aurais si c'était la curiosité qui me poussât. Et comme en cela vous ne faites que ce qu'il vous plaît, vous me faites aussi la grâce, et j'espère que vous me la ferez toujours, de recevoir de bon cœur tout ce qui arrive.

Néanmoins qui pourrait dire en combien de légères occasions et de choses de néant nous sommes tous les jours tentés par la curiosité, et combien souvent nous y succombons ? Combien de fois arrive-t-il que lorsqu'on nous conte des choses frivoles nous les souffrons d'abord par tolérance, afin de ne pas choquer les esprits faibles, et qu'ensuite nous nous portons peu à peu à les écouter avec plaisir ? Je ne vais plus voir dans le cirque courir un chien après un lièvre : mais si passant par hasard dans une campagne j'y rencontre une chose semblable, elle me divertira peut-être de quelque grande pensée et m'attirera vers elle, non pas en me contraignant de quitter mon chemin pour pousser mon cheval de ce côté-là, mais en portant mon cœur à le suivre. Et si en me faisant voir ma faiblesse vous ne me faites promptement connaître que je dois même dans cette circonstance trouver des sujets d'élever mon esprit vers vous, ou la mépriser entièrement et passer outre, je demeure comme immobile dans ce vain amusement.

Que dirai-je aussi de ce qu'étant quelquefois assis dans la maison, un lézard qui prend des mouches, ou une araignée qui les enveloppe dans ses filets me donne de l'attention ? Quoique ces animaux soient petits, cet amusement n'est-il pas le même qu'en des choses plus importantes ? Je passe de là à vous louer, ô mon Dieu, qui avez créé toutes choses, et qui les ordonnez avec une sagesse si admirable : mais ce n'est pas par là qu'a commencé mon attention ; et il y a grande différence entre se relever promptement et ne tomber pas. Toute ma vie est pleine de telles rencontres, et tout mon esprit consiste en votre extrême miséricorde. Car lorsque notre esprit se remplit de ces fantômes, et qu'il porte sans cesse avec soi une infinité de vaines pensées, il arrive de là que nos prières mêmes en sont souvent troublées et interrompues, et que lorsque en étant en votre présence nous nous efforçons de vous faire entendre la voix de notre cœur, une action de telle importance est traversée par des imaginations frivoles, qui viennent de je ne sais où, se jeter comme à la foule dans notre esprit. Estimerons-nous que cela soit peu de chose ? Et sur quoi devons-nous nous appuyer, que sur l'espérance que nous avons que votre miséricorde qui a commencé à nous changer, achèvera son ouvrage ?

COMMENTAIRE

Illusion d'un désir de savoir, imaginative, inquiète, puissance d'infini, telle s'est livrée la curiosité dans le parcours qui précède, telle se donne-t-elle dans ce texte de saint Augustin, figure séduisante et repoussante à la fois de la perversité. Ce chapitre XXXV du livre X incarne le principe d'unité de l'œuvre, obéissant à la polyvalence de la *confessio* d'un curieux : aveu des défaillances, louange de Dieu et profession de foi en ce Dieu personnel et intime. Tout entier consacré à la curiosité, il est aussi le lieu d'une double rupture : 1) Rupture du livre X avec les neuf livres précédents ; ceux-ci accomplissent un trajet chronologique et autobiographique, retraçant l'enfance d'Augustin jusqu'à sa conversion et à la mort de sa mère (387), témoignage d'une existence qui doit être lu à tous. Après une brève suspension, le temps d'apprécier l'excellent accueil fait à ce récit, l'auteur reprend la plume avec une méditation sur le temps présent et sur la mémoire (livre X) avant d'entreprendre une vaste célébration de Dieu à travers la Création (livres XI à XIII). 2) Rupture dans le livre X entre les vingt sept premiers chapitres consacrés à cette méditation sur le temps et la mémoire et les chapitres suivants, aveu de notre misère et de nos passions funestes, pour s'achever sur un hymne de reconnaissance des bontés de Dieu envers nous et un appel à sa grâce. Telle est la configuration dans laquelle s'insère la réflexion sur la curiosité et dont elle porte les marques.

Reprenant la classification stoïcienne des passions, transmise par Cicéron, Augustin en distingue quatre : le désir, la joie, la crainte et la tristesse. Les trois « tentations » dont Augustin déplore les effets – la volupté, la curiosité et l'orgueil – sont celles des désirs de la chair[1] dont la curiosité semble livrer la vérité, en tant que perversité. En effet, si la curiosité est une tentation plus « périlleuse » que toutes les autres, volage et indiscrète, c'est qu'elle détourne la passion de son habituelle recherche du plaisir pour la convertir dans l'accomplissement d'épreuves et l'acquisition de connaissances « par la chair ». Sublime tromperie qui rend compte de l'ordre des raisons de ce chapitre XXXV : après avoir énuméré les diverses prouesses dont la curiosité se montre capable, Augustin remercie Dieu de l'en avoir écarté mais constate que la puissance de la curiosité est telle qu'elle fait souvent échouer son assistance et en appelle donc à un regain et un sursaut de la miséricorde divine. Aussi loin que nous soyons de son point d'appui théologique et mystique, l'analyse d'Augustin sur sa curiosité ne laisse pas d'éclairer la nôtre et ses écueils. Après avoir déchiffré la peinture augustinienne de la curiosité et de ses effets, la lecture de ce chapitre invite le curieux à s'interroger sur l'origine de ce mal et à tenter enfin de cerner le mode de relation aux autres, à l'Autre et de la part de l'Autre qu'engendre la curiosité.

---

1. Livre X, chap. XXX, Paris, Folio-Gallimard, 1993, p. 374. Sauf indication contraire, je me réfère désormais à cette édition des *Confessions*.

LA CURIOSITÉ PERVERSE, VÉRITÉ DU DÉSIR

Augustin rapporte à sa façon la curiosité au désir du savoir en en faisant le masque trompeur des sciences. Nous savons en effet par le chapitre x de ce même livre X « Que les sciences sont dans la mémoire sans y être entrées par les sens »[1]. Dans une perspective néo-platonicienne, les connaissances sont enfouies dans la mémoire où elles résident avant que d'être apprises. L'acte de connaître consiste donc à s'enfoncer dans les plis et replis de la mémoire pour rassembler en l'unité du savoir des éléments jusque là épars. La curiosité, elle, réside toute entière dans l'usage de la vue, étendue à tous les sens; concupiscence des yeux qui cherchent l'agréable et le délicieux, autant par volupté que par curiosité. Pour le plaisir. Cette transgression du rapport entre les moyens et la fin ainsi subverti, conduit Augustin à déceler dans cette « seconde tentation » non seulement une passion mais une « maladie » : sertie entre la volupté et l'orgueil, la curiosité se voue aux spectacles avec admiration et à des secrets inutiles « qui ne nous regardent pas ». Perversité : savoir pour savoir. C'est en héritiers d'Augustin que Malebranche condamne des connaissances « malhonnêtes » et immorales comme celle de chercher à déterminer la nature du sol de la lune[2] et que Descartes rejette les fausses sciences[3] – magie, astrologie, alchimie – ces

1. *Ibid.*, p. 348.

2. Malebranche, *De la Recherche de la vérité, op. cit.*, t. II, p. 145.

3. Dans la première partie du *Discours de la méthode*, Descartes dit s'être protégé des « mauvaises doctrines » et « n'être plus sujet à être trompé par les promesses d'un alchimiste, ni par les prédictions d'un astrologue, ni par les impostures d'un magicien, ni par les artifices ou la vanterie de ceux qui font profession de savoir plus qu'ils ne savent ». *Œuvres complètes*, Adam et Tannery, Paris, Vrin, 1996, t. VI, p. 9.

sciences qui ne peuvent jamais être fausses[1], signe irréfutable
de l'illusion.

Augustin dénonce la curiosité pour la magie, l'astrologie,
le spiritisme, la chiromancie, la nécromancie, les pactes avec
le diable, et la quête des miracles et prodiges. Il vivait en un
temps où l'influence stoïcienne n'était pas la seule à diffuser le
goût de toutes sortes de divination. Mais notre temps n'est pas
en reste, malgré les prouesses technologiques, en particulier
informatiques, déjà évoquées. Les diseuses de bonne aventure,
les voyantes, les marabouts, les magiciens et autres astrologues ou graphologues, les tenants de la sociobiologie et de la
parapsychologie[2], ne sont pas en manque de curieux mus par
un appétit de voir se dévoiler leur avenir ou se produire des
phénomènes qui bafouent toutes les lois scientifiques. Alors
qu'Augustin inscrit les connaissances vraies dans les plis
et replis de la mémoire, dans un temps des origines, toutes
ces sortes de divination, à l'égal des antiques croyances dans la
sémantique des entrailles d'animaux sacrifiés, rêvent de lire
l'avenir, se projettent dans un temps improbable, voire irréel,
désirent à tout prix savoir ce « qu'il est inutile de connaître ».
« Pour satisfaire à ce malheureux désir de tout connaître » on
ne recule pas devant une foi irrationnelle en un déterminisme
imaginaire. On sait que la théologie d'Augustin, au contraire,
concilie foi et raison, croire pour comprendre, comprendre

---

1. Notes d'un cours de Georges Canguilhem sur « Science et
technique », E.N.S. 1969.

2. Les « expériences » de parapsychologie qui, lorsqu'elles échouent,
invoquent des facteurs perturbateurs « extérieurs » ont de quoi stimuler la
curiosité : tordre une cuillère ou réparer un réveil par écran de télévision
interposé (sic), faire lire un texte invisible à un sujet éloigné, deviner le
contenu des poches d'un quidam, etc.

pour croire, l'ordre de l'esprit et l'ordre du cœur s'unissant dans l'ordre de la charité.

La voracité de la curiosité, au temps d'Augustin comme au nôtre « s'attache même à des sujets tout contraires » : pour notre auteur, il suffit de référer la curiosité au seul désir qui la pousse à vouloir tout savoir et tout éprouver ; il n'empêche : lorsqu'un objet horrible se rencontre, « tous y courent pour s'attrister et pour en avoir de l'effroi ». Sans s'appesantir sur cet obscur attrait du mal, Augustin fait bien sentir que la curiosité, parce qu'elle est perversité, est autrement plus complexe que la méchanceté. Il nous invite ainsi à prendre en compte sa propre expérience de curieux en parcourant les chapitres IV à VI du livre II de ses *Confessions* consacrés au célèbre épisode du « larcin » : en rapportant le vol de fruits commis par lui dans l'adolescence, il avoue qu'à la différence du bandit qui vole ou qui tue pour l'argent ou pour la puissance, c'est pour le plaisir de voler qu'il a volé des poires peu appétissantes : « Car j'ai dérobé des choses dont j'étais si éloigné de manquer, qu'il y en avait chez nous en grande abondance, et de meilleures même que celles que je dérobais. J'ai dérobé sans rien chercher dans le larcin que le larcin même ; et voulant plutôt me repaître de la laideur du vice que du fruit de l'action vicieuse »[1]. Contrairement à la méchanceté qui ne néglige pas la fin de l'acte – besoin ou passion – la curiosité perverse agit sans raison sinon celle du plaisir de mal faire, de transgresser l'interdit. Elle est à elle-même sa propre fin. Sa perversité conduit le curieux à trouver son plaisir dans ce qu'il sait être un mal pour lui-même. Mesurant l'irrationalité et la démesure de cette curiosité, Augustin tente d'en modérer l'inhumanité en trouvant presque des « excuses » à

---

1. *Confessions*, livre II, chap. IV, p. 74.

l'inexcusable Catilina qui aurait agi pour obtenir pouvoir et richesses : « Ainsi ce Catilina même dont nous parlons, n'a pas aimé proprement les homicides comme homicides, mais comme un moyen d'acquérir les choses qu'il se proposait pour sa fin en répandant le sang des hommes » [1]. La vie criminelle de Catilina est exemplaire des mobiles qui poussent d'ordinaire les hommes à commettre les pires méfaits, non par « pure » curiosité mais par une curiosité animée par le désir d'acquérir ou la crainte de perdre les biens de ce monde. Hormis cette vile curiosité qui se prend elle-même pour fin, tout vice est donc l'ombre des biens solides qui trompe les hommes par une fausse apparence de beauté. Après avoir passé tous les crimes et vices en revue, Augustin conclut : « En cette sorte, mon Dieu, ceux mêmes qui s'éloignent de vous et qui s'élèvent contre vous par leurs péchés, ne laissent pas de s'efforcer au milieu de leur dérèglement de vous devenir semblables en quelque chose, quoique de manière criminelle » [2]. Image noire et ténébreuse de la toute puissance divine, la créature qui cède au mal laisse néanmoins paraître, quoique de manière confuse, les traits qui marquent le doigt de son créateur. Mais la curiosité outrepasse les limites de la tendance au semblable pour exiger l'identité : « La curiosité veut passer pour la science, parce qu'elle désire tout savoir : mais vous seul, mon Dieu savez tout, et rien n'est caché à votre lumière » [3]. En ce sens, Catilina est un modeste criminel, comparé à l'adolescent voleur de poires voulant paraître faussement libre alors qu'il était véritablement esclave ! Augustin l'avoue dans un cri : « J'ai aimé cette malice toute honteuse qu'elle était ; j'ai aimé à

1. *Ibid.*, chap. v, p. 77.
2. *Ibid.*, chap. vi, p. 80.
3. *Ibid.*, p. 79.

me perdre ; j'ai aimé mon péché, je ne dis pas seulement ce que je désirais d'avoir par le péché, mais le péché en soi et dans sa difformité naturelle » [1]. La curiosité est donc cette passion qui trouve sa propre satisfaction dans sa honte même et dans son infamie. Le « festin délicieux » n'est pas celui des poires mais celui de la finalité sans fin de la curiosité. Contrairement au méchant, on peut s'attendre à tout de la part du curieux pervers, donc au pire, à tout le mal possible.

Autre adolescent, autre curieux pervers, autre célèbre « criminel » auteur d'une peccadille d'enfant, Rousseau adolescent qui, ayant volé un ruban au cours d'un déménagement, fait accuser injustement la servante. Comme chez Augustin, la curiosité perverse tient à ce qu'il pouvait prendre facilement « beaucoup d'autres meilleures choses ». Curieux parce qu'il vole pour voler mais aussi pour faire l'épreuve de l'accusation mensongère de la pauvre Marion : « Elle reste interdite, se tait, me jette un regard qui aurait désarmé les démons et auquel mon barbare cœur résiste. [...] Et moi, avec une impudence infernale, je confirme ma déclaration, et lui soutiens en face qu'elle m'a donné ce ruban » [2]. Dans les « crimes » enfantins de ces deux adolescents, la conscience de soi de la curiosité est portée jusqu'au point où elle s'interroge sur sa capacité à commettre les pires horreurs dont la « peccadille » a fait la preuve de la possibilité. Kierkegaard avait pris la mesure de l'effrayante séduction de la curiosité, rappelant que « la faute a sur l'œil de l'esprit le pouvoir de fascination que possède le regard du serpent » [3]. Revient ici le jeu malin et divin de

1. *Ibid.*, chap. IV, p. 74.

2. Rousseau, *Les Confessions*, Livre II, Paris, Club français du Livre, 1964 p. 104.

3. Kierkegaard, *Le Concept d'Angoisse*, Paris, Gallimard, 1977, chap. III, § 3.

l'échange entre le voir et le regarder et de son invincible puissance : pourrait-elle céder à la détermination de l'origine de cette tentation ?

DE L'ORIGINE DE CE MAL ET COMMENT LUI ÉCHAPPER

La difficulté est grande, car « qui pourrait dire en combien de légères occasions et de choses de néant nous sommes tous les jours tentés par la curiosité, et combien souvent nous y succombons » ? Ainsi du chien qui court après un lièvre, du lézard ou de l'araignée qui capture une mouche, « imaginations frivoles, qui viennent de je ne sais où ». D'où, en effet ?

On sait qu'à la fin de sa vie Augustin parle comme d'une révélation divine du tournant de sa vie intellectuelle à partir de 394, impulsé par le choc décisif de la lecture d'un verset de saint Paul dans la *Première Lettre aux Corinthiens* (4,7) : « Qu'as-tu que tu ne l'aies reçu ? ». A-t-il donc aussi reçu ce fâcheux penchant à la tentation de curiosité ? Dieu voulait-il ce péché originel ? Avait-il « programmé » ce mal de la curiosité dans sa Création ?

En reprenant la problématique de la philosophie antique – quel est le *telos*, le but suprême, quelle est la fin de la vie humaine ? – Augustin convient que, vivant dans le temps, notre âme est sans cesse frustrée car les biens qui comblent le désir nous sont ravis aussitôt offerts. Notre âme est en effet livrée à la multiplicité des objets qui sollicitent le désir de l'extérieur, à la dislocation perpétuelle du temps qui rend caduques les satisfactions partielles, enfin à l'ambivalence d'un désir divisé en tendances antagonistes déchirant le psychisme en conflit avec lui-même. La curiosité est le paradigme de la consommation frénétique de biens sensibles dont on ignore ce qui les fonde et s'ils sont effectivement des biens. Errance,

déréliction, dissipation, divertissement, Augustin, pour désigner son état avant sa conversion, utilise l'expression « s'être
laissé aller hors de soi-même ». Tel est le lot de la condition de
créature de l'homme : double insuffisance ontologique de
celui qui, dépendant, ne s'est pas donné l'être et dont la vie se
déroule selon le labeur temporel de se co-créer soi-même. Le
drame de l'homme dans le temps est d'aimer l'amour avant
même de s'interroger sur la valeur de l'objet auquel l'amour
s'attache : « Je n'aimais pas encore mais je désirais d'aimer »[1].
La curiosité perverse est celle de l'homme concupiscent. C'est
cette *causa deficiens* qui permettrait de concilier l'idée que
cette perversité est une disposition involontaire au mal et
l'idée qu'elle est une détermination systématique au mal.
Augustin traite la question au livre VII des *Confessions* : « J'ai
cherché ce que c'est que le mal, et j'ai trouvé qu'il n'est point
substance, mais perversité d'une volonté qui se détourne de la
substance souveraine, de vous, mon Dieu, vers les choses
basses »[2]. Port-Royal et Pascal développeront à l'envi ce
thème de la vanité, lié à l'attachement aux choses extérieures.

Contre les Manichéens, auxquels il s'était rallié un temps,
il affirme que le principe du mal est dans la créature et tire son
origine de la limitation de l'être créé. En choisissant contre
Dieu, l'homme fait un mauvais usage de sa liberté. Son imperfection, moindre réalité ou moindre degré d'être tient à ce qu'il
est alourdi par la matière. La loi de la matière est celle du
« penchant », de la « pente », de la « tentation » qui fait choir et
déchoir. Le corps fait « flancher » l'âme dont la bassesse naît
de son incarnation. D'où ces plaisirs de la curiosité qui sont
entraînement par le corps, subversion de la saine relation entre

---

1. *Confessions*, Livre III, chap. I, p. 88.
2. *Ibid.*, Livre VII, chap. XVI, p. 245.

les moyens et la fin. L'énigme de la curiosité est donc l'ombre portée du problème du mal. Pour saint Paul comme pour saint Augustin, contre les Manichéens, l'homme n'a pas été perverti de l'extérieur; il s'est perverti lui-même en écoutant la suggestion diabolique intérieure de la tentation.

Dès le chapitre I du livre I des *Confessions* s'exprime une dualité toute platonicienne, celle de l'être en mouvement et de l'être en repos, stable et de densité ontologique maximale : « Vous nous avez créés pour vous, et notre cœur est toujours agité de trouble et d'inquiétude jusqu'à ce qu'il trouve son repos en vous »[1]. Augustin nous livre une image à la fois homérique et plotinienne d'une Odyssée de la conscience errante, tour à tour subjuguée par le prestige circéen des apparences puis reconquise par la patrie perdue. À cette figure d'un Ulysse chrétien se surimpose le thème aristotélicien des « lieux naturels » : l'âme est comparée à une flamme, entraînée par son « poids » vers le haut, et ses errements à la chute qui caractérise les autres corps physiques. « Et qu'est-ce que toute la vie que nous menons sur la terre, sinon une perpétuelle tentation »[2] ? Pour y échapper, l'âme humaine doit retrouver son lieu authentique, Dieu; mais le cœur de l'homme, faussé par le péché, a besoin d'un don de Dieu pour retrouver son élan originel. « Toutes les choses qui sont tirées de leur ordre sont agitées et inquiètes, et ne trouvent leur repos que lorsqu'elles rentrent dans l'ordre. Mon poids est mon amour : et en quelque lieu que j'aille, c'est lui qui m'y porte »[3]. En renonçant au désir des choses auxquelles nous porte la tentation de la curiosité et en ne recherchant que Dieu seul, nous pouvons espérer

---

1. *Ibid.*, Livre I, chap. I, p. 25.
2. *Ibid.*, Livre X, chap. XXVIII, p. 372.
3. *Ibid.*, Livre XIII, chap. IX, p. 502.

échapper à la misère de cette vie. Ne comptons pas sur l'ordre de l'esprit mais sur l'union de l'ordre de la charité et de celui du cœur sous l'empire de l'amour pour passer de la *perversio* à la *conversio*. L'enjeu d'une telle réorientation du désir réside dans la problématique de l'altérité : la curiosité et la tentative d'y échapper engagent notre relation aux autres, à l'Autre, et à ce que nous attendons de la part de l'Autre.

CURIOSITÉ ET ALTÉRITÉ. LE VISIBLE ET L'INVISIBLE

Augustin n'ignore pas que la perversité du curieux fait essentiellement de lui un voyeur. «Ne voyons nous pas que [les hommes] sont d'ordinaire aussi curieux de savoir la vie d'autrui, que négligents de corriger la leur propre? Pourquoi donc désirent-ils tant d'apprendre de moi quel je suis, eux qui se mettent si peu en peine d'apprendre de vous quels ils sont»[1]? L'impossibilité pour leur raison de connaître la réalité «en soi» d'autrui sinon de façon illusoire est compensée par leur tentative infatigablement répétée de posséder charnellement, physiquement, la personne absolument non physique d'autrui. Traiter autrui comme un moyen. La curiosité perverse du regard de l'autre sur moi, au temps d'Augustin comme aujourd'hui est dans le regard voyeur et non contemplateur, agitateur et irrespectueux, par lequel le curieux qui insupporte sa finitude insupporte du même geste le secret de l'être autre. Son seul remède est de s'emparer d'autrui, de le posséder et ainsi de l'arraisonner. Dans sa *Logique du sens*, Gilles Deleuze désigne excellemment ce dispositif d'«altruicide» : «C'est parce que la structure Autrui manque,

---

1. *Ibid.*, Livre X, chap. III, p. 333.

remplacée par une toute autre structure, que les « autres » réels ne peuvent plus jouer le rôle de termes effectuant la première structure disparue, mais seulement, dans la seconde, le rôle de corps victimes (au sens très particulier que le pervers attribue aux corps) ou le rôle de complices-doubles, de complices-éléments (là encore au sens très particulier du pervers) » [1]. Augustin assigne clairement ce double rôle imposé à autrui par la mise en scène du curieux : dans notre texte, le corps-victime est « ce corps mort déchiré de coups que l'on ne peut voir qu'avec horreur » et, dans la peccadille du vol des poires, il est le fantôme du propriétaire du poirier, l'autre-absent qui permet le larcin pour le larcin, une sorte d'altruicide par contumace. Quant au rôle de complices-doubles, il est confié aux « méchants enfants [qui] après avoir joué ensemble jusqu'à minuit » [2] accompagnent l'auteur dans son « désordre ». Leur relation atteste de son appartenance à la seconde figure de la curiosité perverse : « Je me souviens fort bien de la disposition d'esprit dans laquelle j'étais alors, et je vois clairement que je ne l'aurais jamais fait étant seul. C'est donc la compagnie des autres que j'ai aimée : et ainsi il n'est pas vrai que je n'aie rien aimé dans cette action que le larcin ; mais au contraire ce que j'y aimais n'était rien en effet, puisque même ce que je viens de dire n'est encore qu'un néant » [3]. Et Augustin de consacrer deux chapitres à tenter de débrouiller cet étrange dérèglement, de rendre compte de la nature de ce « néant » qui est l'étonnement d'avoir tiré du plaisir de ce larcin, du fait d'avoir été commis « en compagnie ». Après avoir esquissé plusieurs

---

1. G. Deleuze, *Logique du sens*, Paris, Minuit, 1969, Appendice IV : « Michel Tournier et le monde sans autrui », p. 372.
2. *Confessions*, Livre II, chap. IV, p. 74.
3. *Ibid.*, chap. VIII, p. 82.

explications peu convaincantes, il avoue : « Ô amitié pernicieuse et ennemie de la vertu, est-ce ainsi que tu séduis
malheureusement les esprits ! Est-ce ainsi que tu leur inspires
une secrète envie de nuire aux autres ? Est-ce ainsi que tu fais
passer pour un jeu et pour un divertissement cette injustice » [1] ?
Là se révèle la modalité de la curiosité réciproque entre
complices. Cette « amitié pernicieuse » n'est rien d'autre en
effet qu'un néant, c'est-à-dire le besoin de regarder l'autre et
d'être regardé pour pouvoir éprouver la honte « de n'avoir pas
perdu toute honte » [2]. Dans *Saint Genet comédien et martyr*,
Sartre décrit cette existence anonyme du mal comme l'Autre
sans visage. Jean Genet s'est choisi voleur. « L'adolescent
s'est construit une logique du faux, c'est-à-dire une technique
de l'unification non synthétique des contradictoires » [3]. Il
s'enferme et enferme les autres dans une logique absurde, un
va-et-vient des contraires. On comprend qu'Augustin peine à
débrouiller l'écheveau de ce « dérèglement » ; mais lorsqu'il y
parvient, c'est en faisant émerger ce processus de la honte.
Sartre y verra le jeu d'une conscience qui se dupe elle-même
tout en étant sa propre complice, jeu pervers sur le volontaire et
l'involontaire, la responsabilité et l'irresponsabilité. Les
regards complices échangés entre les garnements voleurs de
poires révèlent qu'il y a quelque chose à cacher. La curiosité
est retournement contre soi de la curiosité à l'égard d'autrui.
Chacun se traite soi-même et traite les autres toujours
seulement comme un moyen et jamais comme une fin.

---

1. *Ibid.*, chap. ix, p. 84.
2. *Ibid.*
3. Sartre, *Saint Genet comédien et martyr*, Livre II, « Caïn », Paris,
Gallimard, 1952, p. 371. Voir aussi les analyses des « conduites de
mauvaise foi » dans *L'Être et le Néant*, éd. cit., chap. ii, II, p. 94-95.

La curiosité qui anime les voleurs de poires suppose une « compagnie », c'est-à-dire une société et, qui plus est, une société propriétaire. Dans son *Discours sur les sciences et les arts*, Rousseau a vu dans ce faux « désir de savoir » l'un des vices résultant de la corruption de l'état de nature et du passage à l'état civil, étouffement de l'instinct qui nous portait spontanément à faire le bien et à fuir le mal [1]. On sait que dans le texte d'Augustin, la « troisième tentation » qui suit la curiosité est l'orgueil. Volupté, curiosité et orgueil sont trois passions complices. Rousseau souligne cette fâcheuse affinité dans son *Discours sur l'origine et les fondements de l'inégalité parmi les hommes* : « Le sauvage vit en lui-même ; l'homme sociable toujours hors de lui ne sait vivre que dans l'opinion des autres, et c'est, pour ainsi dire, de leur seul jugement qu'il tire le sentiment de sa propre existence » [2]. De là, « tout devient factice et joué : honneur, amitié, vertu et souvent jusqu'aux vices mêmes, dont on trouve enfin le secret de se glorifier » [3].

Dans ce cas, pourquoi écrire une *Confessio* qui est non seulement la louange de Dieu et l'expression de la foi mais qui se destine aussi à des lecteurs ? Comment échapper au jeu maléfique de la curiosité ? Ce livre pourra-t-il être autre chose qu'un effet de la curiosité de son auteur pour lui-même et un objet de curiosité pour ses lecteurs ?

Augustin ne cache pas le sens de son projet : « Je veux encore confesser aux hommes par cet écrit, non ce que j'étais

---

1. Rousseau le note dans ses « Observations sur la Réponse qui a été faite à son Discours », *Œuvres Complètes*, « Bibliothèque de la Pléiade », t. III, Paris, Gallimard, 1964, p. 42.

2. Rousseau, *Discours sur l'origine et les fondements de l'inégalité*, Paris, Garnier-Flammarion, 1970, 2ᵉ partie, p. 234.

3. *Ibid.*.

autrefois, mais ce que je suis aujourd'hui »[1]. Et il mesure bien la difficulté de penser la nature de la relation entre l'auteur et le lecteur, guettée par la tentation de la curiosité, nourrie par l'ignorance : « Et d'où savent-ils que je leur dis la vérité lorsqu'ils m'entendent ainsi parler de moi-même, puisqu'il n'y a point d'homme au monde qui connaisse ce qui se passe dans l'homme, que l'esprit de l'homme qui est en lui ? »[2]. L'existence même de cette *Confessio* suppose donc aussi une autre conversion que la conversion proprement religieuse : c'est une conversion du rapport à autrui et de la nature du regard vers l'autre et de l'autre. « Je veux bien découvrir l'état de mon âme à ceux qui sont dans ces sentiments »[3], ceux de la charité fraternelle, animés par « l'esprit d'un frère »[4] et que ce soit « pour l'amour de moi »[5].

Quelle est la condition de possibilité d'une altérité sans curiosité perverse ? Le verset biblique déjà cité – « Qu'as-tu que tu ne l'aies reçu ? » – prend sa pleine et entière signification. Pour que se substitue au regard de la curiosité conflictuelle celui d'une connaissance aimante, Augustin exhorte celui qui cherche la sagesse à rentrer en lui-même, à se replier sur l'expérience intérieure de la mémoire ontologique qui, à l'inverse de la curiosité, s'oriente vers le temps des origines, en deçà du Bien et du Mal. Changement de regard : ce sont les yeux de l'âme, des yeux malades, qui tentent de porter leur vue jusqu'à la lumière éblouissante qui éclaire toute chose. Mais comment regarder et que regarder pour échapper au risque de la curiosité, à la séduction d'un spectacle ?

---

1. *Confessions*, Livre X, chap. III, p. 335.
2. *Ibid.*, p. 333.
3. *Ibid.*, chap. IV, p. 335.
4. *Ibid.*, p. 336.
5. *Ibid.*

Héritier par excellence de l'augustinisme au dix-septième siècle, Port-Royal a abordé de front ce risque en parcourant les topiques diverses et souvent conflictuelles d'une théorie du signe pensée sur l'horizon de la représentation. Pour *La Logique ou l'Art de penser*, dire que le mot est signe, c'est dire l'idéal du langage : le langage s'oublie devant l'idée, le mot et le langage n'ont aucun rapport visible avec ce qu'ils représentent ; toujours présents, ils le sont invisiblement et la pensée les traverse dans leur diaphanéité[1]. Ils échappent ainsi à la duplicité du spectacle visible/invisible dont le premier rôle est joué par la curiosité. Cependant il y a des signes qui ne sont pas des mots mais des choses qui fonctionnent comme des signes parce qu'elles se lient avec les choses dont elles sont les signes *par un rapport visible* ou analogique. Mais dans cette visibilité même, elles font évanouir leur référent, le cachent ou le rendent équivoque. C'est pourquoi les philosophes de Port-Royal soulèvent le problème théorique de la peinture et du théâtre dont la fonction inquiétante naît de leur rapport de figurabilité du réel, délice de curiosité qu'Augustin dénonce à plusieurs reprises dans ses *Confessions*. Contrairement au langage, la peinture est trompeuse, parce que, dans la peinture, c'est l'objet qui s'aliène absolument dans le signe pictural qui se substitue à lui en en présentant l'image illusoire. Pascal en a fait état dans l'une de ses plus célèbres *Pensées*, abondamment commentée : « Quelle vanité que la peinture qui

---

1. Arnauld et Nicole, *La Logique ou l'Art de penser*, 5e édition revue et augmentée, Paris, Desprez, 1683, Ire partie, chap. IV, p. 55 *sq.* Sur ces questions, voir l'article de Louis Marin, « Signe et représentation : Philippe de Champaigne et Port-Royal », *Annales. Economie, Sociétés, Civilisations*, 1970, vol. 25, numéro 1, p. 1-29.

attire l'admiration par la ressemblance des choses dont on n'admire point les originaux »[1].

Félibien l'évoque à sa manière à propos du *Songe de Philomathe* : « Je découvre des campagnes, des prairies, des animaux et mille autres sortes d'objets qui n'existent que par des ombres et des lumières et par le secret d'une science toute divine avec laquelle je sais tromper les yeux »[2]. Félibien reproche d'ailleurs à Philippe de Champaigne une peinture trop attachée à la réalité profonde des choses pour atteindre au « grand goût », trop chrétienne pour se dégager de la froideur et donner vie à l'objet. Que l'on compare en effet le *Souper d'Emmaüs* du Titien à celui de Champaigne : chez Titien, le Christ consacre le pain ; chez Champaigne, il donne l'Eucharistie et tout est centré sur son visage. Peintre « officiel » de Port-Royal, Philippe de Champaigne avait prononcé à l'Académie une conférence où il interprétait l'acte de création du peintre comme la manifestation secrète et cachée de la volonté divine accordée à la volonté du peintre, se substituant à elle et se découvrant après coup, à la mort du peintre, comme la vérité de son acte. Celui-ci a acquis un sens second, sans cesser d'être représentation[3].

Condamnant les vices des curieux, Port-Royal condamnait la peinture, en particulier l'art du portrait qui exalte la curiosité du Moi pour lui-même et pour les autres – vanité, concupiscence, orgueil, oubli de la mortalité. On sait combien

1. Pascal, *Pensées*, 2ᵉ édition Lafuma, Paris, Delmas, Pensée 77, p. 124.
2. Félibien, *Entretiens sur les Vies et les ouvrages des plus excellents peintres anciens et modernes*, Londres, David Mortier, 1705, t. IV, p. 355-356.
3. Conférence du 7 juin 1670 publiée par A. Fontaine dans les *Conférences inédites de l'Académie Royale de peinture*, p. 97.

pèse précisément cette condamnation sur toute entreprise de « confession », de saint Augustin à Montaigne, Pascal et Rousseau, et plus avant. « C'est moi que je peins » écrivait Montaigne le 1er mars 1580. Face à cette condamnation, Champaigne ouvre l'alternative de deux possibilités de « sauvetage » d'une certaine peinture : soit à partir de l'inversion du rapport de substitution signe/objet, soit par l'affirmation de l'existence d'une peinture « janséniste » remettant en question, de proche en proche, la théorie de la peinture comme représentation. Déjà, la valorisation bien connue du dessin sur le coloris, par analogie avec le thème de l'éloquence, induit, sinon une réhabilitation de la peinture, du moins un début de définition de ses conditions de légitimité : le coloris est la partie la plus basse et la plus matérielle de la peinture et « quoique ceux qui sont intelligents dans la peinture estiment infiniment plus le dessin que le coloris ou la délicatesse du pinceau, néanmoins les ignorants sont plus touchés d'un tableau dont les couleurs sont vives et éclatantes que d'un autre plus sombre qui serait admirable par le dessin » [1]. Le dessin est le visible-invisible qui passe inaperçu de ceux qui n'estiment les choses que par l'extérieur ou par l'écorce; le coloris est le visible-visible ou l'apparence, pure illusion. Dans cette perspective, la vérité de la peinture pourrait échapper à la vanité de la curiosité si le signe pictural pouvait se rapprocher du signe linguistique.

Mais c'est la revendication d'un signe non représentatif que Champaigne met en avant, dans ses écrits sur la peinture comme dans ses tableaux : moyen d'action et d'adoration, ouverture à la grâce et au sacré. L'un des plus beaux témoignages de ce manifeste – lire pour comprendre le signe de

---

1. Arnauld et Nicole, *La Logique ou l'Art de penser*, éd. cit., p. 363.

Dieu – est le tableau peint en regard du chapitre VII du livre IX des *Confessions* d'Augustin que Philippe .de Champaigne avait lu ou dont il avait eu connaissance par de Saci. Dans ce chapitre, Augustin évoque le miracle de la résurrection des corps de deux saints, ceux-là mêmes peints par Champaigne : *L'invention de saint Gervais et de saint Protais*[1]. Ce tableau est une véritable peinture janséniste d'histoire qui évoque les signes de Dieu contre une persécution et qui exige du spectateur un regard contemplateur et non voyeur. Il donne naissance à l'exposé de trois conditions de légitimité de la peinture : 1) Que l'œuvre d'art soit un signe – élément de lecture d'une signification et appel à autrui – tel que cela ne puisse se faire qu'en dehors du spectacle représentatif, au-delà de la visibilité du tableau. De la sorte, le signe pictural cache, tout en le présentant, par sa transparence même, le caractère proprement significatif de l'œuvre. 2) Que l'œuvre soit une vérité vivante, une vérité divine, la parole divine portée par l'Écriture sacrée. 3) Que la peinture ne puisse être alors qu'une peinture d'histoire. Comme celui de Pascal, le Dieu caché de Champaigne est *toujours* à la fois présent et absent.

À la différence de l'art de Poussin et de Le Brun, Champaigne s'efforce de traduire dans ses portraits des états non pas psychologiques mais ontologiques, révélant la part impersonnelle et sacrée de la personne, une méditation religieuse sur l'état ontologique de chaque être honorant Dieu. Pour Port-Royal, toute portraiture de soi est prise entre deux extrêmes : la vanité (crâne, *memento mori*, la véritable uni-

---

1. Sur ce tableau et sur l'hérésie des Ariens à laquelle répond cette résurrection miraculeuse voir l'ouvrage de Jacques de Voragine, *La légende dorée*, Paris, Garnier-Flammarion, 1967, t. I, p. 400 et dans l'édition des *Confessions* citée ici les notes 1 et 2 de la p. 309.

verselle condition de l'homme) et la *Vera Icona*, la Véronique, l'essence d'*imago dei*. Ainsi du *Saint Jean-Baptiste dans le désert* qui montre au spectateur la lumière au fond du tableau au lieu de se montrer lui-même; ainsi encore du célèbre *Ex-voto* de 1662 où la représentation est dénoncée comme telle par la présence dans un coin du tableau d'un texte rappelant la guérison miraculeuse de la fille du peintre, figurant sur la toile.

À la manière d'un commentaire de ces œuvres, le *Dictionnaire chrétien* de Fontaine cite «les créatures qui ont été données par Dieu à l'homme comme des images visibles où il a peint ses grandeurs invisibles »[1].

Notre chapitre XXXV du livre X, malgré les tentations de la curiosité, témoigne d'une espérance, celle d'être «changé» par la miséricorde divine. Le regard de la foi s'éclaire du regard de celui qui voit tout et qui donne cependant tout son sens à la *confessio*. «Et comment Seigneur pourrais-je vous cacher quelque chose quand je ne voudrais pas vous la confesser, puisque vos yeux percent jusque dans le fond de l'abîme des consciences, et y voient tout à nu et à découvert? Certes je ne me cacherais qu'à moi-même et non pas à vous. [...] Ainsi, Seigneur, en quelque état que je sois, je suis parfaitement connu de votre divine majesté »[2].

Des lumières changeantes à la lumière immuable, la problématique augustinienne de la curiosité se déploie dans des jeux de miroir, concupiscence des yeux, échange des convoitises, rivalités et conflits, désir de voir ce qui ne nous regarde pas. Ces jeux de lumière sont le reflet difforme

1. *Le dictionnaire chrétien où sur différents tableaux de la nature on apprend par l'Écriture et les Saints Pères à voir Dieu peint dans tous ses ouvrages et à passer des choses visibles aux invisibles*, Paris, Elie Josset, 1691.

2. *Confessions*, livre X, chap. II, p. 332.

de l'œil qui voit tout, l'omniscience divine dont le croyant est convaincu par une indéfectible foi. C'est elle qui est susceptible de corriger la tentation de curiosité … ou de l'encourager si, à l'instar de l'Octave théologien de Klossowski, iconoclasme inclus, on préfère à l'efficacité de la *confessio* d'une âme celle d'une machination des corps, pour satisfaire à la vérité perverse du désir.

Iconoclasme encore, laïcisation abusive sans doute, athéisme inopportun peut-être … Il n'empêche : la ferveur religieuse de saint Augustin et des dévots de Port-Royal n'a d'égale que leur excessive ardeur à se protéger des assauts de la « vaine curiosité », de la honte de s'être amusé du spectacle d'un lézard ou de s'être fait tirer le portrait. Pourrait-on rêver meilleur rempart résistant à toute épreuve des trois tentations que l'imaginaire d'un Dieu au regard perçant et panoptique ? C'est à l'aune de cet absolu que se mesure l'infinie puissance de la curiosité acharnée à débusquer l'invisible. Cette tâche a exigé la mise en œuvre d'une *croyance* dont il importe maintenant de décentrer la problématique par une approche méthodologique toute différente, celle de *l'enquête*, dont Hume propose l'expérience.

TEXTE 2

Traité de la nature humaine, II, II, X
De la curiosité ou de l'amour de la vérité [1]

Mais, à mon sens, nous avons par trop manqué de sérieux, en parcourant tant de parties différentes de l'esprit humain et en examinant tant de passions, sans prendre une seule fois en considération l'amour de la vérité, qui fut pourtant la source première de toutes nos enquêtes. Avant de quitter ce sujet, il convient donc de consacrer quelques réflexions à cette passion et de montrer son origine dans la nature humaine. C'est une affection d'une espèce si particulière qu'il eût été impossible d'en traiter dans l'un des chapitres que nous venons d'examiner, sans risquer de tomber dans l'obscurité et la confusion.

La vérité est de deux sortes; elle consiste soit dans la découverte des rapports entre les idées considérées en elles-mêmes, soit dans la conformité de nos idées des objets à leur existence réelle. Il est certain que la première espèce de vérité ne saurait être simplement désirée comme vérité et que ce n'est

1. Hume, *Traité de la nature humaine*, livre II, partie II, section X : *De la curiosité ou de l'amour de la vérité*, trad. J.-P. Cléro, Paris, GF-Flammarion, 1991, p. 308-314.

pas la justesse de nos conclusions qui, à elle seule, donne du plaisir. Car ces conclusions restent aussi justes, que nous découvrions l'égalité de deux corps à l'aide du compas ou que nous l'apprenions par une démonstration mathématique ; et, quoique dans un cas, les preuves soient démonstratives et dans l'autre, seulement sensibles, toutefois, généralement parlant, l'esprit acquiesce avec autant d'assurance dans l'un que dans l'autre. Et, dans une opération arithmétique, où la vérité et l'assurance sont toutes deux de même nature, aussi bien que dans le problème d'algèbre le plus abstrus, le plaisir est tout à fait négligeable, si même il ne dégénère pas en douleur. Preuve évidente que la satisfaction que nous ressentons parfois à découvrir la vérité ne provient pas de cette découverte, prise simplement comme telle, mais du fait qu'elle est douée de certaines qualités.

La première et la plus importante des conditions requises pour rendre une vérité agréable, tient dans la capacité et dans le génie déployés pour l'inventer et la découvrir. Ce qui est facile et évident n'est jamais valorisé ; et même ce qui est *en soi* difficile n'est guère considéré, si nous parvenons à sa connaissance sans difficulté et sans contention de la pensée ou du jugement. Nous aimons suivre les démonstrations des mathématiciens, mais trouverions peu d'intérêt auprès d'une personne qui se contenterait de nous informer des proportions des lignes et des angles, quand bien même nous accorderions la plus entière confiance tant à son jugement qu'à sa véracité. Dans ce cas, il suffit d'avoir des oreilles pour apprendre la vérité. Nous ne sommes plus tenus de fixer notre attention ou d'exercer notre génie ; de tous les exercices de l'esprit, il n'en est pas de plus plaisant ni de plus agréable.

Mais quoique l'exercice du génie soit la source principale de la satisfaction que nous recevons des sciences, je doute qu'il suffise pour nous apporter une jouissance considérable. La vérité que nous découvrons doit aussi être de quelque importance. Il est facile de multiplier les problèmes d'algèbre à l'infini et l'on peut découvrir sans fin les proportions de sections coniques ; toutefois, peu de mathématiciens prennent plaisir à ces recherches et ils préfèrent tourner leurs pensées vers ce qui est plus utile et plus important. Désormais la question est donc de savoir de quelle façon l'utilité et l'importance agissent sur nous. La difficulté sur ce chapitre réside en ce que de nombreux philosophes ont gaspillé leur temps, détruit leur santé et sacrifié leur fortune à la recherche de quelques vérités qu'ils estimaient importantes et utiles au monde, quoiqu'il résultât de l'ensemble de leur conduite et de leur comportement qu'ils n'étaient pas dotés de la moindre parcelle d'esprit public et qu'ils n'avaient guère le souci des intérêts de l'humanité. Néanmoins, s'ils avaient été convaincus que leurs découvertes étaient sans conséquences, ils auraient entièrement perdu le goût de leurs études, et cela en dépit du fait que ces conséquences leur fussent entièrement indifférentes ; ce qui semble être contradictoire.

Pour lever cette contradiction, il nous faut considérer qu'il existe certains désirs et certaines inclinations qui ne dépassent pas l'imagination et sont plutôt les ombres fictives et les images des passions que des affections réelles. Ainsi, supposez qu'un homme contemple les fortifications d'une cité, qu'il considère leur force et leurs avantages, naturels ou acquis, qu'il observe la disposition et l'agencement des bastions, des remparts, des mines et des autres ouvrages militaires, il est évident qu'il retirera, proportionnellement à la conformité de ces matériels avec leurs fins, un plaisir et un contentement appropriés. Ce plaisir, suscité par l'utilité des objets plutôt que par leur forme, ne peut pas être autre chose qu'une sympathie avec les habitants pour la sécurité desquels on a déployé tout cet art ; toutefois, cette personne, en étrangère ou en ennemie, peut n'éprouver aucune espèce de bienveillance à leur égard et même aller jusqu'à les détester.

On peut certes objecter qu'une sympathie aussi lointaine est un fondement bien léger pour une passion et qu'un soin et une application, tels qu'on les voit fréquemment chez les philosophes, ne peuvent pas dériver d'une origine aussi ténue. Mais ici je reviens à ce que j'ai déjà remarqué : que le plaisir de l'étude consiste principalement dans l'action de l'esprit, le génie et l'exercice de l'entendement pour découvrir et comprendre une vérité. Si l'importance de la vérité est requise pour que ce plaisir soit parfait, ce n'est pas en raison du complément considérable qu'elle apporte à notre jouissance ; c'est seulement dans la mesure où elle est nécessaire pour fixer notre attention. Quand nous sommes négligents et inattentifs, la même action de l'entendement n'a pas prise sur nous et elle est incapable de nous transmettre la satisfaction qu'elle suscite, lorsque nous sommes dans une autre disposition.

Mais outre l'activité de l'esprit qui est le principal fondement de son plaisir, cette passion requiert encore un certain degré de réussite dans l'accomplissement du but ou dans la découverte de la vérité que nous examinons. Sur ce chapitre, je ferai une remarque générale, qui pourra être utile en maintes occasions, *savoir* : que lorsque l'esprit poursuit un but avec passion, cette passion peut bien ne pas dériver originellement du but, mais de la simple activité liée à cette poursuite ; nous acquérons toutefois, par le cours naturel des affections, un intérêt pour la fin elle-même et nous souffrons de toute déconvenue rencontrée en chemin. Ce phénomène provient de la relation et de la direction parallèle des passions dont il a été question ci-dessus.

Pour illustrer tout cela par un exemple adéquat, je remarquerai qu'il ne peut y avoir deux passions plus ressemblantes que celles de la chasse et de la philosophie, quelque disparité qu'on puisse saisir entre elles à première vue. Il est évident que le plaisir de la chasse tient dans l'activité de l'esprit et du corps, dans le mouvement, l'attention, la difficulté et l'incertitude. Il est tout aussi évident que ces actions doivent s'accompagner d'une idée d'utilité pour qu'elles exercent leur effet sur nous. Un homme immensément riche et de la plus grande libéralité, qui prend plaisir à chasser la perdrix et le faisan, n'éprouve plus aucune satisfaction à tirer les corbeaux et les pies; cela parce qu'il considère les premiers dignes d'être servis à table et les autres tout à fait impropres à cet usage. Ici, il est certain que l'utilité ou l'importance ne produit pas d'elle-même de passion réelle; elle est seulement requise pour soutenir l'imagination; et la même personne qui se montre au-dessus d'un profit dix fois plus grand en toute autre circonstance, se plaît à ramener chez elle une demi-douzaine de coqs de bruyère ou de pluviers, après être restée des heures à les chasser. Pour achever ce parallèle entre la chasse et la philosophie, nous pouvons remarquer que, même si, dans un cas comme dans l'autre, il nous arrive de mépriser en elle-même la fin que nous poursuivons, toutefois dans le feu de l'action nous acquérons une telle attention à cette fin que nous souffrons de toute déconvenue et sommes aussi navrés de manquer le gibier que de tomber dans un paralogisme.

Pour prendre encore un exemple d'affection analogue aux précédentes, nous pouvons considérer la passion du jeu, qui plaît par les mêmes principes que ceux de la chasse et de la philosophie. On a observé que le plaisir du jeu ne provient pas du seul intérêt; en effet, nombreux sont ceux qui délaissent un gain sûr pour s'adonner à ce divertissement. Il ne dérive pas non plus du simple jeu; puisque ces mêmes personnes n'éprouvent aucun plaisir à jouer pour rien. Il ne provient donc que de deux causes réunies : chacune, prise séparément, reste sans effet. Il en est ici comme de certaines préparations chimiques, où le mélange de deux liquides clairs et transparents en produit un troisième opaque et coloré.

L'intérêt que nous prenons au jeu retient l'attention ; sans lui, il ne saurait y avoir de jouissance dans ce genre d'activité, comme dans les autres, d'ailleurs. Notre attention une fois fixée, la difficulté, la variété, les brusques revirements de fortune nous intéressent davantage ; notre satisfaction provient de cet attachement. La vie humaine est une scène si ennuyeuse et les hommes sont en général de dispositions si indolentes que tout ce qui le divertit, fût-ce une passion mêlée de souffrance, leur procure à tout prendre un plaisir sensible. Et ce plaisir se trouve ici accru par les objets qui, de nature sensible et faciles à comprendre, se laissent pénétrer aisément par l'imagination et lui sont agréables.

La même théorie qui vaut pour l'amour de la vérité, en mathématiques et en algèbre, peut s'étendre à la morale, à la politique, à la philosophie naturelle et à toutes les autres disciplines où l'on ne considère pas les relations abstraites et leurs idées, mais leurs connexions et leur existence réelles. Toutefois, outre l'amour de la connaissance qui se déploie dans les sciences, on trouve, implantée dans la nature humaine, une sorte de curiosité, qui est dérivée d'un principe très différent. Des gens ont le désir insatiable de connaître les faits et gestes de leurs voisins, même si leur intérêt ne s'y trouve nullement mêlé et s'ils dépendent entièrement des autres pour leur information ; il n'y a aucune place ici pour l'étude et pour l'application. Cherchons la raison de ce phénomène.

On a suffisamment prouvé que l'influence de la croyance consiste à aviver une idée, à l'introduire dans l'imagination pour l'y fixer et à empêcher toute espèce d'hésitation et d'incertitude à son propos. Ces deux composantes sont avantageuses. Par la vivacité de l'idée, nous intéressons la fantaisie et produisons, quoique à un degré plus modeste, un plaisir identique à celui qui naît d'une passion plus modérée. Comme la vivacité de l'idée donne du plaisir, sa certitude empêche l'inquiétude par la fixation d'une idée particulière dans l'esprit, le préservant ainsi de tout flottement dans le choix de ses objets. C'est une qualité de la nature humaine, qui saute aux yeux en maintes occasions et qui est commune à l'esprit et au corps, qu'un changement trop soudain et trop violent nous déplaît ; des objets peuvent bien en eux-mêmes nous être indifférents, leur changement n'en crée pas moins en nous un malaise. Comme il est de la nature du doute de causer une oscillation dans la pensée et de nous renvoyer brusquement d'une idée à une autre, il doit, en conséquence, être l'occasion d'une souffrance. Cette souffrance a principalement lieu quand l'intérêt, la relation, ou la grandeur et la nouveauté d'un événement nous portent à nous en soucier. La curiosité ne nous pousse pas à nous informer de n'importe quelle question de fait ; ni même seulement des questions qu'il est de notre intérêt de connaître. Il suffit qu'une idée nous frappe avec assez de force et nous touche d'assez près pour nous inquiéter par son instabilité et son inconstance. Un étranger qui arrive pour la première fois dans une ville peut bien n'avoir aucun souci de l'histoire et des aventures de ses habitants ; mais s'ils lui sont devenus plus familiers et s'il a vécu un temps considérable parmi eux, il contracte la même curiosité que les indigènes. Quand nous lisons l'histoire d'une nation, il arrive que nous ayons l'ardent désir de lever tous les doutes et toutes les difficultés qui la parsèment ; mais nous devenons négligents dans de telles recherches, quand les idées de ces événements sont, en grande partie, effacées.

COMMENTAIRE

Débusquer l'invisible : revenir à « la source première de toutes nos enquêtes », « l'amour de la vérité ». De fait, le début de ce texte du livre II du *Traité de la nature humaine* reconduit le lecteur aux exigences requises par l'ouverture du livre I : il faut éviter « tout ce remue-ménage » des vaines discussions de la philosophie abstruse où « la victoire n'est pas remportée par les hommes en armes, qui manient la pique et l'épée, elle l'est par les trompettes, les tambours et les musiciens de l'armée »[1]. Le sous-titre de l'ouvrage – *essai pour introduire la méthode expérimentale de raisonnement dans les sujets moraux* – souscrit à cet avertissement tout en soulignant la difficulté : « Si tant est que la vérité se trouve à la portée des capacités humaines, il est certain qu'elle doit être très profondément enfouie et dissimulée : espérer l'atteindre sans peine, alors que les plus grands esprits ont échoué en dépit d'efforts extrêmes, cela ne peut manquer d'être tenu pour assez vain et assez présomptueux »[2]. Cette chasse à l'invisible difficile à

1. Hume, *Traité de la nature humaine*, livre I et Appendice, trad. Ph. Baranger et Ph. Saltel, présentation Ph. Saltel, Paris, GF-Flammarion, 1995, « L'entendement », p. 32.
2. *Ibid.*

débusquer a pour nom « amour de la vérité » ou « curiosité ». Encore faut-il distinguer comme nous y invite notre texte, entre une curiosité philosophique et une curiosité triviale qui ne se soucie guère de la vérité. Comment comprendre ce partage dont témoigne la construction de cette section X ? Et, avant tout, comment mesurer l'intérêt d'un « sceptique » pour une telle recherche de la vérité ?

SCEPTICISME, CURIOSITÉ ET VÉRITÉ

Il est légitime de s'étonner – fût-ce naïvement – du souci de vérité à l'horizon d'un scepticisme supposé. On sait les nombreuses et célèbres pages mélancoliques inspirées à Hume par le doute à l'égard de son entreprise dont il se dit « effrayé » à la fin du livre I du *Traité* comme dans la première section de l'*Enquête sur l'entendement humain* dix ans plus tard. « Le souvenir de mes erreurs et de mes perplexités passées me rend défiant pour l'avenir. L'état misérable, la faiblesse et le désordre des facultés que je dois employer dans mes recherches augmentent mes appréhensions. Et l'impossibilité d'amender ou de corriger ces facultés me réduit presque au désespoir et me fait résoudre de périr sur le rocher aride où je me trouve à présent, plutôt que de m'aventurer sur cet océan sans limites qui s'ouvre sur l'immensité [...] Puis-je être sûr qu'en abandonnant toutes les opinions reçues je poursuis encore la vérité, et par quel critère la reconnaîtrais-je ? »[1] C'est pourquoi il reconnaît oublier sa modestie lorsqu'il emploie des termes comme *il est évident, il est certain* ou *il est indéniable*, qui semblent impliquer un esprit dogmatique.

---

1. *Ibid.*, I, IV, VII, p. 356-357.

Quant à la vérité, bien qu'elle s'éprouve plus qu'elle ne se définisse et que Hume s'attache surtout à décrire le sentiment (*feeling*) que nous en avons, sa nature peut néanmoins être établie à partir d'une distinction entre deux niveaux : le second paragraphe du texte qui nous occupe distingue la vérité du rapport entre les idées et la vérité du rapport entre une idée et son objet. Hume s'attache essentiellement dans ce même paragraphe à la question de savoir ce qui, dans la découverte d'une vérité, donne du plaisir[1]; cela ne doit pas nous faire oublier son intention, comme le rappelle le sous-titre du *Traité* cité plus haut, de construire une science expérimentale de l'homme. Ce projet est confirmé et accentué par les dernières lignes de la *Dissertation sur les passions* envoyée à l'éditeur en juin 1755 : « Les passions suivent une sorte de mécanisme régulier susceptible d'une investigation aussi précise que celle des lois du mouvement, de l'optique, de l'hydrostatique ou de toute autre division de la philosophie naturelle »[2]. Plutôt que de surévaluer le besoin de gloire et de renommée, dont certes Hume fait état – mais moins que nombre de ses commenta-teurs ! – il semble plus juste de mettre l'accent sur ce pari de scientificité. C'est en effet par analogie avec les principes newtoniens de la philosophie naturelle que Hume entreprend d'élaborer cette science nouvelle de la philosophie morale[3],

---

1. On retrouve cette préoccupation dans les *Dialogues sur la religion naturelle* où l'amour de la vérité ne doit pas séparer « les deux plaisirs les plus grands et les plus purs de la vie humaine que sont l'étude et la société », trad. M. Malherbe, Paris, Vrin, 1997, p. 73.

2. Hume « Dissertation sur les passions », trad. J.-P. Cléro et publiée en tête du Livre II du *Traité*, *Les Passions*, éd. cit., p. 99.

3. Cet héritage newtonien et la méthodologie expérimentale qui s'en suit sont longuement et finement étudiés par Michel Malherbe dans son étude sur *La philosophie empiriste de David Hume*, Paris, Vrin, 2001, en

confiant dans son socle épistémologique : « Et il n'y a aucune raison de soupçonner cette science d'être incertaine ou chimérique, à moins de nourrir un scepticisme qui détruirait entièrement toute forme de spéculation et même d'action »[1]. Comme le souligne Michel Malherbe dans l'étude citée en note, le retour à Newton, dans le projet humien d'une science de la nature humaine, consiste à insérer l'expérience dans l'unité active du mathématique et du physique. La décision empiriste de Hume l'engage dans une quantification des données sensibles soumise au calcul et à la mesure : remonter à la « source », c'est atteindre l'impression pure, dont l'immédiateté est seconde ; l'atteindre, c'est la débarrasser par le doute sceptique des superstitions et préjugés qui la masquent. La double loi de l'association des idées – ressemblance, contiguïté, causalité – s'enracine dans la vivacité des impressions indivisibles au-delà desquelles on ne peut pas remonter et d'où procède la genèse de l'entendement. L'esprit n'est autre qu'imagination (*fancy*) et, pour ce qui nous occupe ici, la passion s'y rencontre parmi les « impressions de réflexion ». C'est à ce titre que la « curiosité » est « d'une espèce particulière » pour plusieurs raisons. Outre sa division entre deux « sortes » – malgré le « ou » du titre du chapitre – qui nous invite à distinguer l'amour de la vérité d'une autre passion « dérivée d'un principe très différent », la curiosité est une passion d'un genre très singulier puisqu'elle est capable de produire à son tour une autre passion : ainsi, une curiosité originaire éveille la curiosité de rechercher la nature de

particulier le chap. I : « Une science nouvelle », p. 27-93 et le chap. VI : « La science de la Nature Humaine », p. 309-354.

1. Hume, *Enquête sur l'entendement humain*, trad. M. Malherbe, Paris, Vrin, 2008, section I, p. 51.

l'évidence qui nous assure de la réalité d'une existence et d'un fait au-delà du témoignage de nos sens ; à son tour, la curiosité qui anime les doutes et les erreurs dans une telle recherche excite la curiosité d'en saisir la vérité. C'est le « sujet digne d'éveiller la curiosité » qui ouvre la section IV de l'*Enquête sur l'entendement humain* à propos des doutes sceptiques sur les opérations de l'entendement. Le retour à la lettre du texte de la section X doit permettre de spécifier cette singularité de la curiosité ou de l'amour de la vérité entre autres passions et d'en mesurer la puissance d'infini.

LA SINGULIÈRE PASSION DE LA CURIOSITÉ

« Une passion est une existence originelle, ou, si l'on veut, une modification originelle de l'existence ; elle ne contient aucune qualité représentative qui en fasse une copie d'une autre existence ou d'une autre modification »[1]. Cela signifie, d'une part, que lorsque j'ai faim je « suis » ma faim, et, d'autre part que seule la passion, et non la raison, peut produire une impulsion : « La raison est et ne doit être que l'esclave des passions ; elle ne peut jamais prétendre remplir un autre office que celui de les servir et de leur obéir »[2]. Il convient donc de rapporter la raison philosophique à la passion de curiosité. Il est à ce titre remarquable que Hume fasse intervenir la problématique de la curiosité là où il s'attache à déterminer la nature de sa philosophie soit comme plaisir d'une chasse ou d'un jeu dans le texte qui nous occupe, soit comme science de l'homme fondée sur l'expérience, dans l'introduction au *Traité*, soit comme une science sceptique dans la section VII

1. Hume, *Traité de la nature humaine*, livre II, éd. cit., p. 271.
2. *Ibid.*

de la quatrième partie du livre I de ce même *Traité*, soit comme philosophie spéculative au début de l'*Enquête sur l'entendement humain*.

Comment préciser la nature des passions et quelle place singulière la curiosité y occupe-t-elle ?

L'identité personnelle est une fiction et l'idée du moi la croyance féconde et utile en la seule continuité de la succession cimentée par la relation de causalité. Les passions sont des *forces* qui circulent sur le « théâtre » du moi sans murs ni plateau et structurent la relation du moi à lui-même – orgueil et humilité – aux autres – amour et haine – à ses actions et productions – curiosité. Différentes des passions directes, ces passions de réflexion sont produites indirectement par le plaisir et la douleur, par la double association d'impressions et d'idées et dirigent leurs vues vers un objet qui n'est pas une cause finale.

Qu'il s'agisse de la vérité comme rapport entre des idées ou rapport entre une idée et son objet, ce qui intéresse Hume dans l'amour de cette vérité, ou « curiosité », c'est ce par quoi elle nous donne du plaisir. On le comprend : la conclusion du livre I du *Traité* fait état du danger de la curiosité lorsqu'elle est désir insatiable de connaissance causale : « L'esprit de l'homme ne recherche rien avec plus de curiosité que les causes de tous les phénomènes, et nous ne nous contentons pas d'en connaître les causes immédiates, mais nous poursuivons nos recherches jusqu'à ce que nous parvenions au principe ultime et originel. [...] Tel est le but de toutes nos études et de toutes nos réflexions. Ne sommes-nous pas déçus quand nous apprenons que cette connexion, ce lien ou cette énergie ne réside qu'en nous-mêmes et n'est rien d'autre que la détermination de l'esprit qui est acquise par la coutume et nous fait passer d'un objet à son concomitant habituel et de l'impression de l'un à l'idée vive de l'autre?»[1] C'est à cette curiosité malheureusement exacerbée, source de dégoût pour ses objets et singulièrement pour les sciences et la philosophie que notre texte apporte un remède, «pour rendre une vérité agréable». Il faut tout d'abord convenir, avec la quatrième section de l'*Enquête sur l'entendement humain* que notre effort insatiable pour découvrir les causes des causes générales est vain; «aucune des explications particulières à leur sujet ne saura nous satisfaire»[2]. Le remède est d'autant plus urgent que cette exacerbation de la curiosité est attachée à une disposition primitive d'ordre métaphysique: «La vie humaine est une scène si ennuyeuse et les hommes sont en général de dispositions si indolentes que tout ce qui les divertit, fût-ce une passion mêlée de souffrance, leur procure à tout prendre un plaisir sensible». Que l'on songe, irrésistiblement, au divertissement pascalien mais aussi aux propositions VI à XIII de l'*Éthique* de Spinoza, en particulier au corollaire de la démonstration de la proposition XIII: «L'Âme a en aver- sion d'imaginer ce qui diminue ou réduit sa propre puissance d'agir et celle du corps»[3]. Avec Hume, le plaisir naît de la puissance d'une curiosité primitive qui excite une curiosité en quelque sorte seconde, curiosité pour le moyen de fixer notre attention ou d'exercer notre génie. Le plaisir est dans l'exercice, dans l'étude, dans l'action. Ce sont eux les objets des deux niveaux de la curiosité philosophique et scientifique. C'est pourquoi nous restons indifférents aux conclusions de

1. *Ibid.*, livre I, éd. cit., p. 359.
2. Hume, *Enquête sur l'entendement humain*, trad. M. Malherbe, section IV, p. 107.
3. Spinoza, *Éthique, Œuvres*, trad. Appuhn, Paris, GF-Flammarion, 1965, vol. III, p. 148.

démonstrations mathématiques, fussent-elles complexes. Notre curiosité n'y est pas satisfaite; la capacité et le génie n'y sont pas mis en œuvre. Mais cela ne suffit pas à satisfaire l'amour de la vérité. Il y faut encore deux autres conditions, auxquelles Hume apporte toute la finesse et la subtilité de son raisonnement. Pour en rendre compte, il a recours à une méthode d'exposition de « cas » (*instances*) qui constituent une sorte de schématisme avant la lettre.[1] Il ne s'agit pas de déterminer la nature de la curiosité à l'aune de l'expérience ou des situations objectives mais de se placer au niveau de l'affect, c'est-à-dire de la réflexion de l'idée ou impression de réflexion.

Donc, seconde condition pour jouir de la curiosité ou amour de la vérité : l'effet sur nous de l'utilité et de l'importance que nous accordons à l'objet de notre recherche. On négligera donc, en algèbre et en géométrie, les problèmes sans effet sur « l'esprit public » ou, au moins, sans conséquence pratique. L'*Enquête sur l'entendement humain* en fera un véritable avertissement de la nature : « Livrez-vous, dit-elle, à votre passion pour la science, mais que votre science reste humaine et telle qu'elle se rapporte directement à l'action et à la société. [...] Soyez philosophe ; mais au milieu de toute votre philosophie, soyez encore un homme »[2]. Ici, la perspicacité de Hume est de constater que les philosophes, souvent peu animés par le souci des intérêts de l'humanité, sont néanmoins tenus de faire « comme si » leur recherche avait quelque utilité pour le « monde »; il leur suffit donc d'êtres animés par la

1. J.-P. Cléro propose de recourir à cette notion de « schématisme » dans son introduction à sa traduction du *Traité* et de la *Dissertation sur les passions*, éd. cit., p. 26-27.

2. Hume, *Enquête sur l'entendement humain*, trad. M. Malherbe, section I, p. 41.

fiction d'une affection plutôt que par cette affection réelle. Créativité de l'imagination. Ainsi en va-t-il du *cas* d'un homme qui admire avec plaisir la finalité des fortifications d'une cité, plaisir proportionnel à la sympathie *fictive* éprouvée pour les habitants de la cité fortifiée. Puissance de la curiosité qui écarte la négligence et la distraction et nous place dans la disposition de fixer notre attention sur un objet dont nous jouissons parce que nous lui accordons *en imagination* importance et utilité.

Troisième condition : l'attachement à la *réussite* de la fin poursuivie par la recherche. Trois cas : la chasse, la philosophie, le jeu. Sans la ferme intention de tuer le gibier, même si ce n'est que du menu fretin, le chasseur renoncera à l'affût. Sans l'application de la raison à éviter de conclure par un paralogisme, le philosophe s'ennuiera. Sans l'espoir d'un gain, le joueur se désintéressera de sa mise et de ses partenaires. Le souci du public pour le philosophe est ce que la proie est au chasseur et la fortune au joueur. Puissance infinie de la curiosité capable, par une obscure chimie, de combiner plusieurs causes et de substituer ainsi l'imaginaire de la jouissance au triste principe de réalité.

Mais toute curiosité n'est pas bonne à exercer : malgré le « ou » du titre de ce chapitre, toute curiosité n'est pas amour de la vérité. Son rapport à son objet et son rapport à autrui sont les indices d'une modification de sa nature et de sa valeur.

LES OBJETS DE CURIOSITÉ

Le dernier épisode de cette enquête s'interroge sur « une sorte de curiosité, qui est une passion dérivée d'un principe très différent ». Le *cas* exemplaire est celui de gens qui s'occupent de ce qui ne les regarde pas – les faits et gestes de leurs voisins – curiosité qui n'exige d'eux aucun effort de connaissance. Alors que le philosophe et le savant témoignent de leur puissance à douter de l'habituel et à questionner par là nos raisons de croire, le sens commun s'étonne de l'insolite et cherche à éviter « un changement trop soudain et trop violent » qui provoque le déplaisir. Cette première remarque permet de comprendre que le scepticisme amoureux de la vérité accepte l'instabilité et l'inconstance que le scepticisme du sens commun essaie au contraire d'étouffer en fixant l'oscillation qui le fait souffrir. Le sens commun pratique donc un doute apparenté à la philosophie dogmatique alors que le sceptique tolère l'errance et la remise en cause du cours habituel des choses : « Ce qui doit rendre d'autant plus excusables nos doutes et nos erreurs dans la conduite d'une étude aussi importante, où, par des chemins si ardus, nous nous aventurons sans guide ni direction. Doutes et erreurs qui peuvent même s'avérer profitables, s'ils suscitent la curiosité et détruisent cette assurance et cette foi implicites qui font le malheur du raisonnement et de la libre recherche » [1]. L'exigence et la créativité du curieux par amour de la vérité est sans commune mesure avec celui que trouble l'incertitude née d'une rupture dans le comportement de ses voisins. Ce dernier ne cherche que la stabilité et la sécurité, sans effort, en toute ignorance. L'information salutaire viendra d'un autre. Qu'est-ce donc qui engendre cette curiosité du sens commun ? Hume en rend compte, à la fin de notre texte, par l'exposé de deux *cas* : celui d'un étranger curieux des faits et gestes des habitants d'une ville une fois installé parmi eux ; celui d'un lecteur de l'histoire d'une nation dont les événements ne l'intéressent plus

---

1. Hume, *Enquête sur l'entendement humain*, trad. M. Malherbe, section IV, p. 97.

lorsqu'il en délaisse le récit. Il renoue ainsi avec les allusions à « l'intérêt de l'humanité », à la « bienveillance » et à la « sympathie » de la première partie du texte.

C'est la sympathie qui anime principalement la passion philosophique et à ce titre elle joue un rôle éminent dans la relation entre curiosité et altérité : « Nous ne pouvons former aucun souhait qui ne fasse référence à la société. Il n'est peut-être pas possible d'endurer un châtiment plus pénible qu'un isolement complet. Tout plaisir devient languissant quand on en jouit hors de toute compagnie […] Quelles que soient les autres passions qui peuvent nous agiter, orgueil, ambition, avarice, curiosité, vengeance ou luxure, leur âme ou leur principe animateur, c'est la sympathie » [1]. Le rapport désintéressé et bienveillant envers autrui, cette « propension » à sympathiser avec les autres éclaire l'exemple de l'homme qui se met en harmonie avec les « indigènes » d'une même nation : « Un homme de bon naturel se met, en un clin d'œil, à l'unisson de l'humeur de ses compagnons » [2] et c'est par là, plus que par le climat ou autre cause naturelle, que Hume explique l'uniformité des coutumes dans une même ville ou un même pays, la sociabilité et la morale. L'altérité œuvre à structurer ici la curiosité même si nous nous sentons bien loin des compagnons pervers de l'adolescent voleur de poires…En conclusion du livre I de son *Traité*, l'auteur, désorienté par le doute et l'ignorance qu'il rencontre en lui-même tourne ses regards vers autrui : « J'aimerais bien aller chercher chaleur et protection dans la foule » [3] ; et il espère un aller-retour de la sympathie entre le philosophe et le public, dont il devra attendre confir-

---

1. Hume, *Traité de la nature humaine*, livre II, éd. cit., p. 211.
2. *Ibid.*, p. 156.
3. *Ibid.*, livre I, éd. cit., p. 357.

mation lors de l'accueil d'ouvrages plus tardifs que le *Traité!* L'exposé du *cas* de l'exil met en évidence la terrible force du mépris, revers de ce ciment social qu'est la sympathie : tel qui, de fortune médiocre, souffre du mépris de ses parents, les fuit pour s'installer au milieu d'étrangers : « Supposez que je sois situé dans une condition misérable au milieu d'étrangers et que, par conséquent, on me traite sans ménagement. Je me trouve toutefois plus à l'aise dans une telle situation que si j'étais quotidiennement exposé au mépris de mes parents et de mes compatriotes »[1].

Il convient d'ailleurs de nuancer la portée de l'altruisme dans le mouvement de curiosité car l'attention, même faible, portée à la conséquence d'une recherche, n'est importante que parce qu'elle aide à fixer notre attention ; que l'on n'oublie pas qu'il s'agit plus de l'image ou de l'imagination d'une passion que d'une affection réelle.

Il reste qu'il ne faut pas sous estimer la différence de signification et de valeur que Hume établit entre la première forme de curiosité ou amour de la vérité dont les *instances* illustratives sont l'admiration d'une cité fortifiée, la chasse, la philosophie et le jeu et la « seconde sorte », celle du sens commun. La première, curiosité sceptique, remet en cause l'habituel, augmente sans fin sa puissance par un effort infatigable, dans l'instabilité et l'incertitude ; la seconde, dogmatique, cherche le repos, déroutée par l'insolite.

Néanmoins, ces deux mouvements de curiosité, même s'ils sont, à suivre le raisonnement de cette Section X, dérivés de principes très différents, nous placent dans l'attente d'un objet absent, cause imaginée de l'impression d'un objet présent. Le sillage de notre texte nous ramène ainsi au célèbre

---

1. *Ibid.*, livre II, p. 163.

« problème de Hume », problème de la causalité et origine de la croyance. Nous vivons dans un monde dans lequel l'habitude nous permet d'anticiper et d'agir. Les deux sortes de curiosité analysées ci-dessus perturbent, chacune à leur manière, la satisfaction de l'attente. Dans l'*Enquête sur l'entendement humain*, Hume déploie un vocabulaire de l'*énergie* lorsqu'il décrit l'esprit, « porté par l'habitude, quand un événement se présente, à attendre celui qui l'accompagne ordinairement et à croire qu'il existera »[1] : *acte* de croyance, *énergie*, *témérité* impardonnable de juger de tout le cours de la nature à partir d'une seule expérience et de *porter notre prévision au-delà* de l'objet qui est immédiatement présent à la mémoire et aux sens, *prédire* en toute *certitude* une conclusion qui le *dépasse* et qu'il *sent*. Et Hume de convenir, dans ce même texte, qu'il n'y a pas en métaphysique d'idée plus obscure que celles que l'on vient d'énumérer et qui sont cependant l'objet de ses recherches.

Débusquer l'invisible, c'est donc remonter à la source du lien entre la curiosité et l'attente, entre la curiosité et la chance, entre la curiosité et la probabilité à laquelle est consacrée la troisième partie du livre I du *Traité de la nature humaine* et la sixième section de l'*Enquête sur l'entendement humain*. Nelson Goodman traduit la curiosité humienne dans les termes des « prédicats dispositionnels » : « Nous en sommes venus à parler du « problème de Hume » comme s'il avait formulé un problème sans proposer de solution. Tout ceci me paraît erroné. Je crois que Hume avait bien compris la question centrale et qu'il considérait sa réponse comme passablement acceptable. Je crois sa réponse raisonnable et pertinente,

---

1. Hume, *Enquête sur l'entendement humain*, trad. M. Malherbe, section VII, p. 207.

même si elle n'est pas entièrement satisfaisante » [1]. Par sa théorie de la « projection », Goodman permet d'établir des degrés de certitude ou de validité prédicative à nos inférences causales. Hume avait-il proposé autre chose, lorsque, ouvrant la plus large voie à la curiosité en écrivant que « N'importe quoi peut produire n'importe quoi. Création, anéantissement, mouvement, raison, volition : toutes ces choses peuvent naître l'une de l'autre, ou de tout autre objet que nous pouvons imaginer » [2], il admet qu'il peut alors « être bon de fixer quelques règles générales » pour fixer des degrés de recevabilité à l'inférence et aux espérances de la curiosité. Ces règles générales font de la science humienne de la nature humaine un exercice de la curiosité, une science *sceptique* inspirée par la science des probabilités [3]. Hume distingue deux sortes de « règles générales » : les premières sont celles « que nous formons imprudemment pour notre usage, et qui sont la source de ce que l'on nomme proprement *préjugé*. Un *Irlandais* n'aura pas d'esprit, un *Français* manquera de profondeur. […] La nature humaine est très sujette à ce genre d'erreurs, et notre nation peut-être pas moins qu'une autre » [4]. Ces règles abusives sont pondérées par une série de principes de correction qui ramènent les probabilités non philosophiques à des probabilités causales, limitant ainsi par une raison empirique les tendances immodérées de la curiosité : « Si quelque chose peut me tranquilliser sur ce point, ce sera d'élargir autant

---

1. N. Goodman, *Faits, fictions et prédictions*, Paris, Minuit, 1984.
2. Hume, *Traité de la nature humaine*, éd. cit., I, III, XV, p. 250.
3. Ce thème est largement développé par Jean-Pierre Cléro, dans son ouvrage *La philosophie des passions chez David Hume*, Paris, Klincksieck, 1985.
4. Hume, *Traité de la nature humaine*, éd. cit., I, III, XIII, p. 220.

que possible la sphère de mes expériences »[1]. Les bornes assignées à une tendance excessive de la probabilité à généraliser font de la curiosité une passion « raisonnable » ou « calme » dont les conséquences pratiques se mesurent à l'orientation de la sympathie vers la sociabilité et la justice.

Plaisir de s'occuper de ce qui ne nous regarde pas, la curiosité, contre l'imposture d'une dictature scientifique, ouvre la voie à *l'attente* et à *la confiance*, dans une tension entre une promesse au risque de la perversité et une promesse au risque du probable.

1. *Ibid.*, I, III, XV, p. 253.

TABLE DES MATIÈRES

QU'EST-CE QUE LA CURIOSITÉ ?

TEXTES ET COMMENTAIRES

DANS LA MÊME COLLECTION

Hicham-Stéphane AFEISSA, *Qu'est-ce que l'écologie ?*

Bruno AMBROISE, *Qu'est-ce qu'un acte de parole ?*

Jean-Pascal ANFRAY, *Qu'est-ce que la nécessité ?*

Alain ANQUETIL, *Qu'est-ce que l'éthique des affaires ?*

Valérie AUCOUTURIER, *Qu'est-ce que l'intentionalité ?*

Jiry BENOVSKY, *Qu'est-ce qu'une photographie ?*

Paul CLAVIER, *Qu'est-ce que le bien ?*

Paul CLAVIER, *Qu'est-ce que le créationnisme ?*

Jean-Pierre COMETTI, *Qu'est-ce qu'une règle ?*

Guy DENIAU, *Qu'est-ce que comprendre ?*

Julien DEONNA et Fabrice TERONI, *Qu'est-ce qu'une émotion ?*

Filipe DRAPEAU CONTIM, *Qu'est-ce que l'identité ?*

Éric DUFOUR, *Qu'est-ce que le cinéma ?*

Julien DUTANT, *Qu'est-ce que la connaissance ?*

Hervé GAFF, *Qu'est-ce qu'une œuvre architecturale ?*

Denis GRISON, *Qu'est-ce que le principe de précaution ?*

Annie IBRAHIM, *Qu'est-ce que la curiosité ?*

Sandra LAPOINTE, *Qu'est-ce que l'analyse ?*

Michel MALHERBE, *Qu'est-ce que la politesse ?*

Paul MATHIAS, *Qu'est-ce que l'internet ?*

Cyrille MICHON, *Qu'est-ce que le libre arbitre ?*

Gloria ORIGGI, *Qu'est-ce que la confiance ?*

Mélika OUELBANI, *Qu'est-ce que le positivisme ?*

Claude PANACCIO, *Qu'est-ce qu'un concept ?*

Manuel REBUSCHI, *Qu'est-ce que la signification ?*

Dimitrios ROZAKIS, *Qu'est-ce qu'un roman ?*

Jean-Marc SÉBÉ, *Qu'est-ce qu'une utopie ?*

Franck VARENNE, *Qu'est-ce que l'informatique ?*

Hervé VAUTRELLE, *Qu'est-ce que la violence ?*

Imprimerie de la manutention à Mayenne (France) - Avril 2012 - N° 880559S

Dépot légal : 2ᵉ trimestre 2012